V&R

Handlungskompetenz im Ausland

herausgegeben von
Alexander Thomas, Universität Regensburg

Vandenhoeck & Ruprecht

Alexander Thomas
Eberhard Schenk
Wolfgang Heisel

Beruflich in China

Trainingsprogramm für Manager, Fach- und Führungskräfte

5., Auflage

Vandenhoeck & Ruprecht

Die 10 Cartoons hat Jörg Plannerer gezeichnet.

Bibliografische Information der Deutschen Nationalbibliothek

Die Deutsche Nationalbibliothek verzeichnet diese Publikation in der Deutschen Nationalbibliografie; detaillierte bibliografische Daten sind im Internet über http://dnb.d-nb.de abrufbar.

ISBN 978-3-525-49050-1

Weitere Ausgaben und Online-Angebote sind erhältlich unter: www.v-r.de

Satz: Satzspiegel, Nörten-Hardenberg
Druck und Bindung: Hubert & Co GmbH & Co. KG, Robert-Bosch-Breite 6, 37079 Göttingen

Gedruckt auf alterungsbeständigem Papier.

Inhalt

Plannerer

Vorwort zur ersten Auflage

Das Trainingsprogramm basiert auf den Ergebnissen eines mehrjährigen Forschungsprojektes zum Thema »Handlungswirksamkeit zentraler Kulturstandards in der Interaktion zwischen Deutschen und Chinesen« Ausgangspunkt war die Überlegung, dass nur diejenigen authentisch über Unterschiede im Verhalten von Deutschen und Chinesen Auskunft geben können, die lange und intensiv mit Chinesen zusammengelebt und zusammengearbeitet haben.

So wurden deutsche Manager in China über ihre Beobachtungen und Erfahrungen mit Chinesen befragt, die Ergebnisse analysiert, ein Trainingskonzept daraus entwickelt, Modelltrainings durchgeführt und deren Wirkungen evaluiert.

Es stellte sich heraus, dass noch nach einem halben Jahr Arbeitseinsatz in China das Training von deutschen Managern sehr positiv bewertet wurde und dass sie viele kritische Interaktionssituationen aufgrund des Lernerfolgs besser bewältigen konnten. Sie waren in der Lage, das ihnen ungewohnte Verhalten der chinesischen Partner zu verstehen und damit kulturadäquat umzugehen.

Mit diesem Buch wird nun dem Leser das Herzstück des Trainings zum Selbststudium zur Verfügung gestellt, und zwar entweder zur direkten Vorbereitung auf den Arbeitseinsatz in China, zum Einstieg in ein auf China bezogenes, landeskundliches Seminar oder allgemein zur Vorbereitung auf einen Besuch in China. Auch als Begleitlektüre während des Arbeitseinsatzes in China ist das Buch brauchbar.

An dieser Stelle sei allen gedankt, die zum Gelingen des Werks beigetragen haben. Vor allem den auskunftsbereiten Managern, die sich in China neben ihrem Alltagsgeschäft die Zeit nahmen, über ihre Erfahrungen im Detail zu berichten, sowie Natascha Vittinghoff M. A., die als Sinologin und kompetente Chinakennerin zur Qualität des Buchs wesentlich beigetragen hat. Auch allen an dieser Stelle nicht namentlich genannten Experten in China und in Deutschland, die unsere Arbeit unterstützt haben, sei hier gedankt.

Der Volkswagen-Stiftung sei für die finanzielle Unterstützung, und hier insbesondere Prof. Dr. Michael Lackner und Günter Dege für die fachliche und administrative Beratung im genannten Forschungsprojekt, gedankt, ohne die ein solches Training nicht hätte entwickelt werden können.

Die Autoren wünschen den Lesern des Buches, dass es ihnen in China etwas besser ergeht als Sir Robert Hart, der vier Jahrzehnte lang Generaldirektor des chinesischen Zolldienstes war und von dem Artur H. Smith im Vorwort zu seinem 1900 herausgegebenen Buch »Chinesische Charakterzüge« folgende Aussage zitiert: »China ist ein schwer zu verstehendes Land. Vor ein paar Jahren glaubte ich, endlich so weit gekommen zu sein, etwas von seinen Angelegenheiten zu wissen, und ich suchte meine Ansichten darüber zu Papier zu bringen. Heute komme ich mir wieder wie ein vollkommener Neuling vor. Wenn ich jetzt aufgefordert würde, drei oder vier Seiten über China zu schreiben, würde ich nicht recht wissen, wie ich dies anfangen sollte, nur eins habe ich gelernt, in meinem Vaterlande heißt es gewöhnlich: »Lass dich nicht biegen, auch wenn es dabei zum Bruche kommt«, in China dagegen gerade umgekehrt: »Lass dich biegen, aber lass es nicht zum Bruche kommen.«

Alexander Thomas
Eberhard Schenk

Vorwort zur dritten Auflage

Stolz blickt China auf eine Zeit des Fortschritts, die beispiellos genannt werden kann. Die im Vorwort zur ersten Auflage zitierte Biegsamkeit, die Fähigkeit, Brüche zu vermeiden, zeigt sich in dieser gegenwärtigen enormen Entwicklung in herausragender Weise: Ohne Bruch im politischen System gibt es Jahr für Jahr neue Rekorde zu verzeichnen. Harmonie ist das alte und neue Motto dieser Kultur.

In der dritten Auflage haben wir, um den Veränderungen Rechnung zu tragen, einige Beispielsituationen, die uns nicht mehr zeitgemäß erschienen, ausgetauscht. Aber auch in den Kapiteln spiegeln sich die Veränderungen wider: Offiziell gibt es die staatlich verordnete Produktionseinheit, die so genannte Danwei, schon seit Jahren nicht mehr. Sicher ist sie in den Köpfen der Chinesen noch präsent und beeinflusst mitunter auch berufliche Verhaltensweisen. Als Erklärungskonstrukt kann man sie jedoch kaum noch verwenden. Die kulturelle Verankerung »Danwei« ist daher in dieser Auflage nicht mehr enthalten.

Bei der Benennung des Kapitels »Strategie und Taktik« haben wir uns gegenüber den vorausgegangenen Auflagen vom Begriff der List, entgegen dem Trend, sich mit den Kriegslisten des Meister Sun zu beschäftigen, verabschiedet. Unserer Überzeugung nach ist der Verhandlungsverlauf in China ebenso wie in anderen Kulturen in erster Linie durch die jeweiligen Interessenlagen bestimmt.

Auch der Rolle der Etikette haben wir nicht mehr die herausragende Bedeutung eingeräumt wie in den früheren Auflagen. Stattdessen findet sich an dieser Stelle jetzt der Themenbereich »Regelrelativismus«. Über die relative Gültigkeit von Regeln und

Gesetzen weiß in China jeder, vom Autofahrer bis zum Juristen, interessante Geschichten zu erzählen. Wie in allen Themenbereichen versuchen wir auch hier ein wenig hinter den Vorhang zu blicken und aufzuzeigen, woher das jeweilige Verhalten kommt und wie es nachvollziehbar wird. So erweist sich oft als klug, was uns zunächst verwunderlich erscheint.

Ganz herzlicher Dank geht hier an Helga Grabbe, die uns mit Beispielen und mit ihrer Chinaerfahrung als Einkaufsleiterin vor Ort und interkulturelle Trainerin tatkräftig unterstützte.

Alexander Thomas
Eberhard Schenk
Wolfgang Heisel

Plannerer

Einführung in das Training

Zielsetzung und theoretischer Hintergrund

China gilt für deutsche Unternehmen als einer der großen Märkte der Zukunft. Doch die Erschließung dieses Marktes bereitet einige Schwierigkeiten, die nicht nur in der großen Distanz, der unbekannten Sprache und dem unterschiedlichen Entwicklungsstand Chinas begründet sind. Immer wieder machen deutsche Fach- und Führungskräfte die Erfahrung, dass die chinesische Kultur weit über die kulturellen Manifestationen wie Essen, Architektur und Kunst hinaus entscheidenden Einfluss auf ihren chinesischen Arbeitsalltag nimmt.

Kultur, das wird in China tagtäglich erfahrbar, beeinflusst und prägt das Denken, Fühlen und Handeln der Menschen auf eine ganz spezifische Art und Weise. Arbeits- und Führungsstile, die hier selbstverständlich sind, erweisen sich in China plötzlich als unangemessen oder kontraproduktiv. Die Art und Weise, wie dort Lösungen für Probleme gesucht werden, steht häufig im krassen Gegensatz zu westlichen Methoden und Traditionen.

Kultur offenbart sich als ein spezifisches System von Werten, Normen, Regeln und Einstellungen, das nachhaltig das Verhalten der Mitglieder einer Gruppe, Organisation, Gesellschaft oder Nation beeinflusst. Jede Kultur bietet ihren Mitgliedern eine Reihe von Möglichkeiten, das individuelle und gemeinsame Handeln zu gestalten und die soziale Umwelt wahrzunehmen. Kultur setzt jedoch auch Grenzen oder Tabus und bestimmt damit die Maßstäbe für die Bewertung des Verhaltens der Mitmenschen. Was als richtig, effizient, klug, taktvoll, normal, selbstverständlich oder denkbar angesehen wird, ist nicht abhängig von einer universellen Vernunft, sondern von der landesspezifischen Kultur. Innerhalb einer Kultur herrscht Einverständnis über die Art und Weise der optimalen Regulierung zwischenmenschlichen und gesellschaftlichen Handelns.

Verstehen wir Kulturstandards als Beschreibungsparameter einer Kultur, so lässt sich diese als ein Orientierungssystem auffassen, in dem wir uns mit Hilfe dieser Kulturstandards zurechtfinden. Kulturstandards leiten das Denken, Wahrnehmen, Urteilen und Handeln der Mitglieder einer Kultur in weiten Bereichen. Sie sind in der Geschichte, der Philosophie und der Religion eines Kulturkreises verwurzelt und untereinander vielfältig verknüpft. Kulturstandards haben sich also nicht zufällig entwickelt, sondern sind das Resultat einer langen Auseinandersetzung der Menschen mit wechselvollen sozialen, politischen und ökonomischen Umwelten. Über all diese Veränderungen hinweg erhalten Kulturstandards eine gewisse Kontinuität, sie stellen die Folie dar, auf der Änderungen und Neuerungen abgetragen werden. So wirken brisante politische oder ökonomische Veränderungen, wie sie zurzeit in China zu beobachten sind, zwar auf chinesische Kulturstandards ein und werden diese langfristig auch verändern. Die kapitalistische Wende wirkt jedoch nicht unvermittelt auf das Verhalten der Menschen, sondern auf dem Hintergrund der tradierten Kulturstandards. Nur allmählich werden die veränderten Handlungsbedingungen zu Veränderungen der Kulturstandards führen, denn aus den geänderten Lebensbedingungen müssen erst wieder Regeln erwachsen oder alte Regeln so verändert werden, dass deren Bedeutung von allen Mitgliedern des Kulturkreises mitgetragen und gutgeheißen wird. Ein solcher Prozess zieht sich über mehrere Generationen hin, wie sich auch an der Art und Weise des Erlernens von Kulturstandards zeigen lässt.

Kulturstandards sind demnach kein starrer, festgeschriebener Regelkanon. Es sind Selbstverständlichkeiten, Leitlinien gesellschaftlichen und sozialen Handelns, die im Laufe der Sozialisation des Individuums in die Gesellschaft hinein erlernt werden. Eltern, Großeltern, Kindergarten, Schule, Kirchen, Militär, Universität, Beruf sind beispielsweise gesellschaftliche und damit kulturell geprägte Institutionen, die kulturelle Werte, Normen, Einstellungen, Bedeutungen und eben Kulturstandards vermitteln. Diese Institutionen sind gegenüber kurzfristigen Veränderungen in gesellschaftlichen Teilbereichen relativ unempfindlich, weshalb sich Kulturstandards weit langsamer verändern als sozioökonomische Rahmenbedingungen.

Wie stark und auf welche Weise das eigene Verhalten durch Kulturstandards geprägt ist, wird oft erst im Kontakt mit Fremden deutlich. In der Zusammenarbeit und Auseinandersetzung mit ihnen wird die Selbstverständlichkeit bestimmter Handlungsroutinen und Einstellungen immer wieder in Frage gestellt. Andere Kulturen haben aufgrund ihrer Geschichte und ökonomischen, sozialen und politischen Lebenswelten eigene, sehr spezifische Kulturstandards ausgebildet, die von den Mitgliedern dieses Kulturkreises ebenfalls für natürlich und selbstverständlich erachtet werden. Beim Aufeinandertreffen von Individuen zweier Kulturen begegnen sich also nicht nur zwei Menschen mit verschiedenen Sprachen, Zielen, Normen und Werten, sondern auch verschiedene kulturelle Orientierungssysteme, welche die Art und Weise des Handelns ebenso mitbestimmen wie aktuelle Ereignisse und Bedingungen.

Da Kulturstandards weite Bereiche des Denkens, Wahrnehmens und Handelns regulieren, reicht der oft empfundene und tatsächliche Orientierungsverlust über die berufliche Sphäre hinaus weit in den privaten Alltag hinein. Der bisher sozial und fachlich äußerst kompetente Vorgesetzte erlebt plötzlich Unzulänglichkeiten in Bereichen seiner Mitarbeiterführung, die er noch nicht einmal potenziell als problematisch wahrgenommen hat. Simpelste Verhaltensweisen wie ein nettes Lächeln, ein Lob, ein Scherz, eine kleine Ermunterung, werden missverstanden oder führen zu unerwarteten Reaktionen. Zwischenmenschliche Kontakte im beruflichen wie privaten Leben kommen nicht im erwarteten Umfang zustande oder sind nur wenig tragfähig. Alle Bemühungen, dies zu ändern, scheitern zudem immer wieder auf unverständliche Weise.

Solche belastenden Situationen erzeugen das als Kulturschock bezeichnete Phänomen. Die Sinnhaftigkeit des eigenen Tuns wird in Frage gestellt und die fremde Kultur als absonderlich, rätselhaft oder irrational abgewertet. Psychische und psychosomatische Reaktionen auf den als äußerst belastend erlebten Alltag sind häufige Konsequenzen. Der Rückzug auf Kontakte aus dem eigenkulturellen Personenkreis und die nachlassende Bemühung um Verständigung zwischen den Kulturen führen zu einer weiteren Eskalation dieses Phänomens.

Erst ein Verständnis für die Bedeutung und Sinnhaftigkeit der beobachteten fremdkulturellen Verhaltensweisen führt in einem Prozess interkulturellen Lernens aus dieser Krise heraus. Wenn begreifbar und nachvollziehbar wird, warum welches Verhalten wann gezeigt wird, kehrt Orientiertheit und mit ihr Handlungssicherheit zurück. In diesem Lernprozess kommt Kulturstandards eine Schlüsselrolle zu. Sie vermitteln ein tieferes Verständnis für die Bedeutung und Sinnhaftigkeit bestimmter, in verschiedenen Situationen zu beobachtender Verhaltensweisen.

Damit beschränkt sich interkulturelles Lernen nicht auf das Imitieren kulturadäquater Verhaltensmuster. Stattdessen eröffnen sich variable Handlungsmöglichkeiten, die auf der Basis des Verständnisses der kulturellen »Regeln« eigenständig konstruiert werden können und die Sicherheit geben, dass die Handlungspläne für den fremdkulturellen Partner nachvollziehbar sind. Interkulturelle Handlungskompetenz erschöpft sich nicht in Anpassungsfähigkeit an fremdkulturelle Denk- und Handlungsmuster, sondern meint die Fähigkeit zum partnerschaftlichen Dialog. Voraussetzung dafür ist jedoch, dass die Denkgewohnheiten, Selbstverständlichkeiten und Empfindlichkeiten des Partners erkannt und respektiert werden. Unter diesen Voraussetzungen kann eine gemeinsame Verständigungsbasis nach und nach aufgebaut werden, die sich zwischen beiden Kulturen bewegt, die Vorteile aus beiden Kulturen nutzbar machen kann und dadurch synergetisch wirkt.

Das Erlernen von Kulturstandards beginnt sinnvollerweise schon vor der Ausreise, schon bevor »Porzellan zerschlagen« wird. Denn es sind nützliche Instrumente, die helfen, Situationen systematisch zu analysieren, zu verstehen und adäquate Reaktionen zu formulieren. Die in diesem Trainingsprogramm dargestellten Kulturstandards sind jeweils an eine Reihe konkreter Situationsbeschreibungen zwischen Deutschen und Chinesen geknüpft. So bietet das Trainingsmaterial ein kontextnahes Lernumfeld, in dem Schritt für Schritt chinaspezifische Problemfelder kennen gelernt und konkrete Lösungsmöglichkeiten sowie abstrakte, allgemein gültige Erläuterungen der Verhaltensweisen im Sinne von Kulturstandards dargestellt werden.

Aufbau und Ablauf des Trainings

Die erste Stufe dieses Lernprozesses ist die Konfrontation mit andersartigen, unerwarteten Verhaltens- und Reaktionsweisen. In einer kurzen Situationsschilderung wird eine Interaktion zwischen einem chinesischen und einem deutschen Partner (Manager) vorgestellt. Der Leser wird mit dem chinesischen Verhalten unvorbereitet konfrontiert und ist gezwungen, sich zuerst seine eigenen Erklärungen für das fremdkulturelle, chinesische Verhalten zurechtzulegen. Dabei wird natürlich das eigenkulturelle, deutsche Orientierungssystem genutzt. In Ermangelung vorhandener chinesischer Erklärungsmuster werden also deutsche herangezogen, ganz wie dies der unvorbereitete Neuankömmling in China tun müsste. Dadurch werden die eigenkulturellen Erklärungs- und Deutungsmuster bewusst und können mit chinesischen Kulturstandards kontrastiert werden. So kann sich der Lernende für die Art und Weise sensibilisieren, wie Kultur sein eigenes, als individuell und autonom empfundenes Handeln beeinflusst. Die Kenntnis eigenkultureller Standards und die Erfahrung im Umgang mit ihnen sind wichtige Voraussetzungen für die flexible und kreative Anwendung der zu erlernenden chinesischen Kulturstandards, die, ebenso wie deutsche, Spielräume für die Ausgestaltung persönlichen und situationsspezifischen Verhaltens gewähren.

In der zweiten Stufe des Lernprozesses werden dem Leser vier alternative Deutungen zu der jeweils geschilderten Interaktionssituation angeboten. Diese sind in unterschiedlichem Maße kulturangemessen, das heißt, die zu Grunde liegenden Deutungsmuster entstammen entweder eher der chinesischen Kultur oder eher der deutschen und erklären so das Verhalten unterschiedlich angemessen. Erst die Orientiertheit über die Gründe, Ursachen und Ziele einer Handlung schafft die Voraussetzung für eine angemessene Reaktion. Diese Voraussetzung zu erfüllen, indem eine Reihe von Alternativen erwogen wird, anstatt vorschnell eine Entscheidung zu treffen, wird hier geübt und zur Routine vertieft.

Die Aufgabe des Lesers besteht darin, sich durch die Beurteilung der Antwortalternativen die sich daraus ergebenden Konsequenzen zu vergegenwärtigen und so die Abhängigkeit des Handelns von kulturellen Deutungsmustern zu erkennen. Es ist daher nicht Ziel dieses Trainingsabschnitts, nur die kulturadäquateste Deutung zu entdecken und sich diese einzuprägen. Die Angemessenheit einer Reaktion oder Handlung in der interkulturellen Begegnungssituation ist immer auch abhängig von den Handlungszielen der Beteiligten. Mitunter ist die maximale Anpassung an kulturtypische Verhaltensweisen weder das Ziel des chinesischen noch des deutschen Partners. Entscheidend ist vielmehr die Fähigkeit, Verhalten kulturangemessen zu deuten unter Berücksichtigung von Beweggründen, Zielen, Sinn und formalen Verlaufsbedingungen.

Auf der dritten Stufe des Lernprozesses werden die hinter den gegebenen Antwortalternativen verborgenen Deutungsmuster, die kulturtypischen Attributionen oder Bedeutungen erklärt. Es wird für jede Antwortalternative ausgeführt, bis zu welchem Grad oder unter welchen Umständen diese kulturangemessen ist oder nicht. Der Leser erhält an dieser Stelle also konkrete Informationen über die kulturellen Hintergründe und Ursachen des in der jeweiligen Beispielsituation geschilderten chinesischen Verhaltens. Das in der Beispielsituation als Einzelfall dargestellte Verhalten wird auf ein allgemeingültiges Niveau gehoben, um das Typische deutlich und verständlich zu machen.

Auf der vierten Stufe des Lernprozesses wird der Leser angeregt, sein inzwischen erworbenes Wissen gedanklich auszuprobieren. Dazu soll eine eigene Handlungsstrategie entwickelt werden, mit der die geschilderte konflikthafte Interaktion vermieden oder gelöst werden kann. Das Trainingsmaterial unterstützt den Prozess der Lösungssuche, indem es eine detaillierte Interaktionsanalyse des Geschehens anbietet und daraus einige Schlüsse für Lösungsstrategien ableitet. Diese Lösungsstrategien sind absichtlich fragmentarische Anregungen, keine Rezepte. Die unendliche Variation von Interaktionssituationen erfordert flexible, nicht starre Reaktionen und Lösungen. Jedes Problem hat mehrere mögliche Lösungen. Verschiedene Alternativen auszuloten, erhöht die Erfolgschance für ein gutes Gelingen.

Schließlich wiederholt sich die eben dargestellte Abfolge, wodurch ein und dieselbe kulturelle Thematik in verschiedenen Kontexten dargestellt wird. Durch die Präsentation des allen Situationen gemeinsamen Kulturstandards in multiplen Kontexten werden diese als vielseitige und flexible Erklärungskonstrukte erfahrbar. So kann der Umgang mit ihnen eingeübt werden. Im Verlauf des Trainings entstehen Verhaltenssicherheit und die Fähigkeit, das Wissen auf neue, unbekannte Situationen während des beruflichen Einsatzes in China zu transferieren und anzuwenden.

Zum Abschluss eines Themenblocks wird zusammenfassend der Kulturstandard dargestellt und dabei vor allem auf die kulturhistorische Verankerung eingegangen. Eine umfassende Beschreibung des Kulturstandards ergibt sich jedoch erst aus der Zusammenschau dieser mit den in den vorgeschalteten Situationsschilderungen und ihren nachfolgenden Erläuterungen enthaltenen kulturtypischen Merkmalen. Kulturstandards als Regeln oder starre Muster auszuformulieren hieße, ihrem wirklichen Status zuwiderzuhandeln. Kulturstandards »leben« im Handeln der Menschen und können nur durch dieses begreifbar werden.

Die Erläuterung des Kulturstandards steht jeweils am Ende eines Themenblocks, um den Leser in seiner Suche nach Verständnis selbst aktiv werden zu lassen, seinen eigenen Spürsinn zu entwickeln und sich die entsprechenden deutschen Kulturstandards bewusst zu machen.

Die eigentliche Arbeit im Prozess des interkulturellen Lernens geschieht aber erst in China. Das Training soll die dazu erforderliche Ausrüstung bereitstellen. Es ist so aufgebaut, dass optimale

Lernstrategien zur Bewältigung der kommenden Aufgaben im Beruf und im Alltag verfügbar sind.

Hinweise für das Verständnis und die Bearbeitung des Trainingsmaterials

In der schriftlichen Form ist das Trainingsmaterial als Mittel zum Selbststudium gedacht. Sie können sich anhand der Texte auf die chinesische Kultur und den Umgang mit ihr vorbereiten und sollten so in der Lage sein, das Verhalten Ihrer chinesischen Partner besser zu verstehen.

Ein solches Buch ersetzt aber kein auf China bezogenes Gruppentraining. Wesentliches Merkmal interkulturellen Lernens ist das Er- und Umlernen sozialer Fähigkeiten. Dies geschieht am effektivsten in der Gruppe in Form von Übungen und in der konkreten Auseinandersetzung mit anderen Personen. Wie vielschichtig manche Situationen sind, wird einem oft erst klar, wenn man mit anderen Personen darüber spricht und deren Meinung erfährt. Ein Gruppentraining ist auch der geeignete Weg, mehr über die eigenen kulturellen Selbstverständlichkeiten, das deutsche kulturspezifische Orientierungssystem, zu erfahren. Wer kein vorbereitendes Gruppentraining verfügbar hat, kann zusammen mit Freunden und Bekannten das vorliegende Trainingsmaterial bearbeiten und diskutieren, um die Sinne für das Fremde, aber auch das Eigene zu schärfen. Darüber hinaus kann das hier vorliegende Trainingsmaterial als zentraler, verhaltensorientierter Trainingsbaustein in landeskundlichen und fachspezifischen Orientierungsseminaren eingesetzt werden.

Durch die Fokussierung auf konflikthafte Interaktionen kann bei Ihnen der Eindruck entstehen, dass China ein äußerst problematisches Land sei. Vor dieser Schlussfolgerung soll hier ausdrücklich gewarnt werden. Interkulturelles Lernen ist ein schwieriger Prozess, egal auf welche Kultur Sie sich vorbereiten. Und das Leben und Arbeiten in China hat zahllose schöne, freudige und spannende Seiten zu bieten, die viele Deutsche an dieses Land und seine Menschen fesseln. Ein Lernmedium wie dieses kann jedoch unmöglich alles Wissenswerte über China, seine Menschen und Kultur vermitteln; es ist gezwungen, zu vereinfachen und sich auf einzelne Bereiche zu konzentrieren. Deshalb stehen die problematischen Seiten im Vordergrund, die schönen sollten Sie selbst entdecken. Es soll an dieser Stelle noch einmal betont werden, dass dieses Trainingsmaterial kein Kompendium chinesischer Verhaltensweisen darstellt. Vielmehr geht es darum, zu sensibilisieren und Verständnis, Respekt und Wertschätzung für diese Kultur zu wecken.

Nehmen Sie sich Zeit für die Bearbeitung des Materials. Versuchen Sie nicht, alles an einem Stück, womöglich erst auf dem Flug nach China, zu bearbeiten. Lassen Sie Gelerntes sich setzen, wälzen Sie es noch einmal in Gedanken und versuchen Sie, dem Fremden, Neuen, Unbekannten schon jetzt seinen Reiz zu entlocken, das Positive am vordergründig schwierig Erscheinenden zu entdecken. Wer gelernt hat, mit Verhaltensunterschieden kulturadäquat umzugehen, der weiß, wie sich kulturbedingte Missverständnisse erklären lassen; wer Fremdartiges nicht als Bedrohung und Belastung erfährt und ihm deshalb nicht mit Ablehnung und Abwehr begegnen muss, sondern ihm Neugier und Wertschätzung entgegenbringt, der geht mit mehr Sicherheit, Mut und freudiger Gespanntheit nach China.

Dazu wünschen wir viel Erfolg!

PLANNERER

Themenbereich 1: Hierarchie

Beispiel 1: Zusammenarbeit über Abteilungsgrenzen hinweg

Situation

Herr Deckert arbeitet in einem großen deutsch-chinesischen Joint Venture. Er berichtet eine für ihn immer wieder ärgerliche Situation:

»Unser Betrieb ist nach den jeweiligen Produktionsbereichen in einzelne Units, also Abteilungen oder Einheiten, eingeteilt. Um einen reibungslosen Ablauf der Arbeit zu garantieren, ist es häufig notwendig, dass zwei oder mehr Abteilungen zusammenarbeiten, um verschiedene Produktionsschritte aufeinander abzustimmen. Dies gestaltet sich allerdings oftmals schwierig, denn entgegen meiner Vorgabe scheinen die einzelnen Units nicht in direkten Kontakt zueinander zu treten. Manchmal muss ich einen Arbeiter regelrecht an die Hand nehmen, mit ihm zur anderen Unit gehen, ihn dort vorstellen und sagen, dass er dieses oder jenes braucht. Dann heißt das aber noch lange nicht, dass er das beim nächsten Mal von selbst tut.«

Warum gehen die chinesischen Mitarbeiter nicht von selbst zu einer anderen Unit?

- Lesen Sie nun die Antwortalternativen nacheinander durch.
- Bestimmen Sie den Erklärungswert jeder Antwortalternative für die gegebene Situation und kreuzen Sie ihn auf der darunter befindlichen Skala entsprechend an. Es ist möglich, dass mehrere Antwortalternativen den gleichen Erklärungswert besitzen.

Deutungen

a) Zur anderen Einheit zu gehen, kommt dem Mitarbeiter gar nicht in den Sinn, weil es für ihn unvorstellbar ist, von Leuten, mit denen er nichts zu tun hat, etwas zu fordern oder sie um etwas zu bitten.

sehr zutreffend	eher zutreffend	eher nicht zutreffend	nicht zutreffend

b) In China muss man erst vorgestellt werden, um den anderen um etwas bitten zu dürfen. Sich selbst vorzustellen und den anderen so um etwas zu bitten, ist unhöflich.

sehr zutreffend	eher zutreffend	eher nicht zutreffend	nicht zutreffend

c) Der Mitarbeiter kommt deshalb nicht auf die Idee, weil es ihm nie jemand gezeigt hat. In der sozialistischen Planwirtschaft hat Effektivität keine Rolle gespielt.

sehr zutreffend	eher zutreffend	eher nicht zutreffend	nicht zutreffend

d) Die Bitte um Zusammenarbeit könnte als Schwäche aufgefasst werden, indem sie sozusagen beweist, dass man alleine nicht klarkommt.

sehr zutreffend	eher zutreffend	eher nicht zutreffend	nicht zutreffend

- Versuchen Sie, Ihre Einstufung jeder Antwortalternative zu begründen. Halten Sie die Begründung in schriftlicher Form stichpunktartig fest.
- Lesen Sie nun die Erläuterungen zu jeder Antwortalternative und vergleichen diese mit Ihren eigenen Begründungen.

Bedeutungen

Erläuterung zu a):
Auch wenn sozialistische Organisationsstrukturen wie die Produktions- und Verwaltungseinheit »Danwei« in China heute formell nicht mehr existieren, sind Hierarchien nach wie vor strikt vertikal aufgebaut. Daraus folgt, dass auch der Informationsaustausch in China überwiegend in vertikaler Richtung stattfindet. Der Austausch mit Gremien, Gruppen oder Teams auf horizontaler Ebene fällt schwer, wird als eine Art Grenz- oder Kompetenzüberschreitung empfunden. Auch wenn die heutige Abteilungsstruktur offiziell die maoistische Danwei-Struktur ersetzt hat, wird das gewohnte Verhalten bestehen bleiben. Kommunikation und Austausch von Materialen finden überwiegend innerhalb der eigenen Gruppe statt.

Erläuterung zu b):
Nein, es handelt sich nicht um eine Frage der Höflichkeit, wenn auch richtig ist, dass es unüblich ist, sich selbst vorzustellen und dann auch noch um etwas zu bitten.

Erläuterung zu c):
Auch wenn Sie es den Arbeitern zeigen und sie über den Effektivitätsgewinn aufklären, werden diese das gewünschte Verhalten nicht ohne weiteres praktizieren. Es mangelt nicht an der Idee, weil die Leute Schlafmützen wären, sie haben einen Grund, gar nicht dieser Idee zu verfallen oder diese schnell wieder zu verwerfen.

Erläuterung zu d):
Ganz von der Hand zu weisen ist das nicht. Traditionell wurde Wert gelegt auf Eigenständigkeit und eine klare Trennlinie zwischen Abteilungen. Entscheidend ist nicht die Angst vor einer Erniedrigung durch das Aussprechen einer Bitte. Vielmehr wird aufgrund eingefahrener Verhaltensmuster gar nicht erst in Erwägung gezogen, andere Abteilungen mit einzubeziehen.

- Beantworten Sie für sich folgende Frage: Wie würden Sie sich in einer vergleichbaren Situation verhalten?
- Halten Sie Ihre Überlegungen stichpunktartig in schriftlicher Form fest.

■ Lösungsstrategie

Den chinesischen Mitarbeitern in einem Unternehmen fällt es häufig schwer, die von der Organisationsstruktur offiziell vorgegebenen Hierarchien zu überwinden. Traditionelle Organisationsformen in China sind strikt vertikal, zuletzt wurde dies in den Jahrzehnten des strengen Sozialismus mit der Organisation praktisch aller Lebensbereiche durch die so genannte »Danwei« bekräftigt. Auch wenn die »Danwei« als offizielle Organisationsstruktur mittlerweile überholt ist, so hat sich teilweise das sehr strenge Verständnis von Hierarchie gehalten. Ein eigenständiges Handeln auch über die Grenzen der offiziellen Organisationsstruktur hinweg fällt vor allem dann schwer, wenn keine Beziehungsnetzwerke bestehen, die es dem chinesischen Mitarbeiter erleichtern, auch außerhalb der offiziellen Strukturen zu handeln (siehe Themenbereich 5: Guanxi)

Es gibt verschiedene Möglichkeiten, die Hürde zwischen den einzelnen Abteilungen zu überwinden, wenn auch keine von ihnen ganz unproblematisch ist.

Die einfachste Möglichkeit, wenn auch nicht die beste, ist, dass Herr Deckert den chinesischen Mitarbeiter an die Hand nimmt, ihn bei der anderen Abteilung vorstellt und ihm die Machtkompetenz verleiht, hier und jetzt die nötigen Absprachen zu tätigen. Der Mitarbeiter wird über dieses An-die-Hand-Nehmen seitens des Ausländers nicht sehr glücklich sein, denn er wird mitunter Missfallen bei seinen Landsleuten in der anderen Abteilung ernten. Womöglich wird über ihn gespottet in der Art: »Seht mal, der Tölpel kommt allein nicht klar!« Aufwändiger, aber langfristig erfolgreicher wäre ein selbst gesteuerter Umlernprozess, der von Anfang an chinesische Führungskräfte und deren Ideen mit einbindet. Vielleicht besitzt ein kompetenter Mitarbeiter Ihrer eigenen Abteilung bereits den einen oder anderen persönlichen Kontakt zu Mitarbeitern der anderen Abteilung. Beauftragen Sie jedoch keinen Mitarbeiter allein aufgrund seiner zahlreichen Beziehungen; dies würde nicht das neue Prinzip horizontaler Verbindungen stärken, sondern nur private Kontakte. Agieren Sie auch nicht mit einem in der Hierarchie weit niedriger stehenden Mitarbeiter, wobei Sie dessen Vorgesetzten übergehen.

Initiieren Sie ein gemeinsames Gespräch mit den einbezogenen Mitarbeitern der eigenen und der anderen Abteilungen. Für diese Aktion sollten Sie ein Motiv transparent gemacht haben. Dies könnte etwa »Prestigegewinn« sein. Ziel der Besprechung muss dann sein, eine Art »neue Generalethik« als Leitsatz auf den Weg zu bringen, vergleichbar etwa mit kundenorientiertem Denken und Handeln im westlichen Management. Bringen Sie Ihre Ideen und Vorstellungen in diese Runde ein, machen Sie Ziel und Notwendigkeit klar, aber holen Sie die Meinungen und Erfahrungen der chinesischen Kollegen ein. Man wird eine Entscheidung letztlich doch von Ihnen erwarten; jedoch sollte diese gemeinsam zustande gekommen sein, damit sich ihr alle gleichermaßen verpflichtet fühlen.

■ Beispiel 2: Vorschlag der Dolmetscherin

■ Situation

Bei einer der letzten Verhandlungsrunden zu einem größeren Projekt unserer deutschen Firma in China hatte mir meine erfahrene und äußerst loyale chinesische Dolmetscherin einen sehr guten Vorschlag gemacht, der für den weiteren Verlauf der Verhandlungen von entscheidender Bedeutung sein würde. Ich sagte ihr, dass mir ihr Vorschlag sehr gut gefalle, und fragte in unserer deutschen Runde nach den Realisationsmöglichkeiten. Als das durchaus positiv beurteilt wurde, bat ich die Dolmetscherin, ihren Vorschlag den Chinesen direkt mitzuteilen, ohne dass ich ihn erst noch einmal formulierte und sie ihn dann übersetzte. Daraufhin erwiderte sie erschrocken: »Nein, das kann ich nicht tun.

Vorschläge machen Sie, aber nie die Sekretärinnen oder Dolmetscherinnen!« Erst beharrte ich noch darauf, weil ich ihr »Nein« für ein Zögern aus Höflichkeit hielt, sie lehnte jedoch weiterhin strikt ab. Erst als ich fast Wort für Wort ihren Vorschlag ausgesprochen hatte, übersetzte sie. Meine als Kompliment und lobende Anerkennung ihrer Kompetenz gemeinte Aufforderung hat sie wohl nicht verstanden oder nicht akzeptieren wollen.

Wie verstehen Sie die Weigerung der Dolmetscherin, ihren Vorschlag ohne Wiederholung durch den deutschen Verhandlungsleiter an die chinesische Seite weiterzugeben?

- Lesen Sie nun die Antwortalternativen nacheinander durch.
- Bestimmen Sie den Erklärungswert jeder Antwortalternative für die gegebene Situation und kreuzen Sie ihn auf der darunter befindlichen Skala entsprechend an. Es ist möglich, dass mehrere Antwortalternativen den gleichen Erklärungswert besitzen.

Deutungen

a) Die Dolmetscherin ist der Überzeugung, dass es ihr nicht zusteht, sich in den Vordergrund zu spielen. Es ist ihr peinlich, sich derart mit einem ihr als Dolmetscherin nicht zustehenden Vorschlag aufgedrängt zu haben.

sehr zutreffend	eher zutreffend	eher nicht zutreffend	nicht zutreffend

b) Die Dolmetscherin ist sich bewusst, welche Rolle ihr nach traditionell chinesischem Verständnis in einer Verhandlungssituation zukommt. Innerhalb der Runde der ihr vertrauten deutschen Verhandlungsteilnehmer fühlt sie sich durchaus ermächtigt, ihre eigenen Ideen einzubringen. Im offiziellen Verhandlungsablauf jedoch, und vor allem vor den Augen ihrer chinesischen Landsleute, empfindet sie die Voranstellung ihrer Person durch das Einbringen eigener Vorschläge als absolut unpassend.

sehr zutreffend	eher zutreffend	eher nicht zutreffend	nicht zutreffend

c) Die Dolmetscherin fürchtet, durch die Präsentation ihres eigenen Vorschlags ihrem Vorgesetzten die Fachkompetenz streitig zu machen und diesem dadurch einen massiven Gesichtsverlust zuzufügen. In der Folge würden die chinesischen Verhandlungspartner den deutschen Leiter kaum mehr ernst nehmen und ihr würde an seiner Stelle größeres Gewicht und Verantwortung zukommen.

sehr zutreffend	eher zutreffend	eher nicht zutreffend	nicht zutreffend

d) Die Dolmetscherin fürchtet, von ihren chinesischen Kollegen für ihre damit deutlich dargestellte Parteinahme gegenüber den Ausländern missachtet zu werden.

sehr zutreffend	eher zutreffend	eher nicht zutreffend	nicht zutreffend

- Versuchen Sie, Ihre Einstufung jeder Antwortalternative zu begründen. Halten Sie die Begründung in schriftlicher Form stichpunktartig fest.
- Lesen Sie nun die Erläuterungen zu jeder Antwortalternative und vergleichen diese mit Ihren eigenen Begründungen.

■ Bedeutungen

Erläuterung zu a):

Diese Antwort beachtet zu wenig, in welchem formellen Rahmen die Dolmetscherin ihren Vorschlag macht. Es ist sicher nicht richtig, dass sie sich generell als zweitklassig empfindet und Angst davor hat, sich in den Vordergrund zu spielen. Peinlich ist ihr sicher nicht, den Vorschlag gemacht zu haben; eine Peinlichkeit und Schlimmeres droht erst, als sie gedrängt wird, ihren Vorschlag selbst offiziell darzustellen. Es geht hier um mehr als um ihre Person.

Erläuterung zu b):
In einer offiziellen Situation stehen in China formelle Regeln der Interaktion eindeutig über inhaltlichen. Hier achten die Chinesen ganz exakt darauf, dass jeder nur die ihm in seiner Rolle zustehenden Äußerungen macht. Ein quer durch alle Hierarchien hindurch geführtes offenes, sachliches Abwägen des Für und Wider ist deshalb innerhalb eines chinesischen Teams undenkbar, da der Vorschlag eines Höhergestellten nicht einer argumentativen Kritik unterzogen werden kann. Ebenso unmöglich ist es, dass die Vorgesetzten sich von Untergebenen »führen« lassen. Die Chinesen wären von einem solchen Verhalten vollkommen vor den Kopf gestoßen. Das ist der Dolmetscherin klar, es geht ihr also nicht nur um den Gesichtsverlust, den sie durch das Vortragen eines eigenen Vorschlags aufgrund dieser Regelverletzung erleiden würde. Die Atmosphäre zwischen beiden Verhandlungsteams würde sehr wahrscheinlich Schaden nehmen; womöglich könnte der Vorschlag nicht wieder aufgegriffen werden.

Erläuterung zu c):
Nicht richtig ist, dass sie ihrem Chef die Fachkompetenz streitig gemacht hätte, wohl aber, dass sie ihm einen Gesichtsverlust in den Augen der chinesischen Verhandlungspartner zugefügt hätte. Allerdings ist die daraus gezogene Folgerung abwegig, dass der Dolmetscherin anstelle des deutschen Vorgesetzten eine größere Bedeutung zugekommen wäre. Der Gesichtsverlust würde nicht nur ihren Chef treffen, auch sie wäre betroffen, denn etwas anderes in ihrem Verhalten würde das Empfinden ihrer Landsleute stören. Dieser weitere Aspekt steht hier im Vordergrund, er betrifft nicht nur die Dolmetscherin oder den Deutschen und deren Gesichtswahrung, sondern den Erhalt der Harmonie in der gesamten Situation.

Erläuterung zu d):
Diese Antwort ist sicher nicht richtig. Zwar wird in Verhandlungen mit harten Bandagen gefochten, letztlich sind jedoch beide

Seiten Partner oder wollen es werden und nicht Gegner, die sich nur zu bekämpfen suchen. Welchen Grund sollten die Chinesen haben, auf diesem Weg denjenigen zu diffamieren, der zur Lösung etwas beiträgt. Sie selbst lassen sich ja auch auf die Deutschen ein.

- Beantworten Sie für sich folgende Frage: Wie würden Sie sich in einer vergleichbaren Situation verhalten?
- Halten Sie Ihre Überlegungen stichpunktartig in schriftlicher Form fest.

Lösungsstrategie

Dass sich die Dolmetscherin in dieser Situation überhaupt mit ihren eigenen Gedanken einbringt, darf als durchaus nicht üblicher Loyalitätsbeweis und Engagement gelten. Allerdings sollte der Vorschlag vom Vorgesetzten in dessen eigenen Worten an die Chinesen gerichtet werden, so, als sei er der Urheber. Dabei darf er die Dolmetscherin nicht ins Rampenlicht rücken. Eine Anerkennung ihres Vorschlags und ihres Engagements wird außerhalb des offiziellen Rahmens gern akzeptiert und wohl auch erwartet. Für den deutschen Manager bieten solche Gelegenheiten dann auch Möglichkeiten, Details über die Wahrnehmung des Verhandlungsverlaufs aus chinesischer Sicht zu erfahren. Diese Gespräche sollten jedoch immer außerhalb des offiziellen Rahmens geschehen. Den formal korrekten Ablauf einzuhalten, ist auf jeden Fall ratsam. Sofern im deutschen Verhandlungsteam ein chinesisches Mitglied seinen festen Platz hat, kann dieses auch Dolmetscherfunktionen übernehmen; umgekehrt ist dies keinesfalls möglich.

In China ist es wichtig, dass jeder das tut, was seiner von ihm eingenommenen Position in der Hierarchie zusteht. Ein sachlich noch so gerechtfertigtes Hochloben eines Untergebenen vor allen Mitarbeitern führt zu Peinlichkeiten und stellt unter Umständen einen Gesichtsverlust für den so Gelobten dar. Für Chinesen ist es selbstverständlich, dass der Höherstehende die von Untergebenen gemachten Vorschläge als von ihm stammend darstellt. Er ist allein berechtigt und verpflichtet, die Resultate der Arbeitsgruppe öffentlich darzustellen.

Beispiel 3: Vorstellung durch den Manager

Situation

Herr Warnecke reiste hoch motiviert zu seinem ersten Auslandseinsatz nach China. Der Reisetermin war von seiner Firma festgelegt worden, und er freute sich bereits darauf, seine neuen, ausschließlich chinesischen Kollegen kennen zu lernen, mit denen er voraussichtlich die nächsten Jahre zusammenarbeiten würde.

Doch als er dort ankam, teilte ihm das Sekretariat des stellvertretenden Managers mit, dass er mit dem Arbeitsbeginn und der Vorstellung bei seinen Mitarbeitern und Kollegen warten solle, bis der General Manager in der kommenden Woche von einer Geschäftsreise zurück sei. »Es ist seine Aufgabe, Sie den anderen Mitarbeitern vorzustellen!« wurde ihm beschieden. Herr Warnecke berichtet: »Ich habe dann auch tatsächlich auf ihn gewartet. Für mich war es allerdings äußerst komisch, vier Tage herumzulaufen, von allen begafft zu werden, selber aber niemanden zu kennen. Dabei wäre doch gar nichts dabei gewesen, sich bei den anderen kurz namentlich vorzustellen. Das Formelle hätte man ja später noch mal wiederholen können.«

Was denken Sie, wie könnte die Situation zu erklären sein?

- Lesen Sie nun die Antwortalternativen nacheinander durch.
- Bestimmen Sie den Erklärungswert jeder Antwortalternative für die gegebene Situation und kreuzen Sie ihn auf der darunter befindlichen Skala entsprechend an. Es ist möglich, dass mehrere Antwortalternativen den gleichen Erklärungswert besitzen.

Deutungen

a) Der Grund, warum der deutsche Manager vier Tage lang von den Mitarbeitern geradezu ignoriert wird, liegt im Misstrauen Ausländern gegenüber begründet. So dient die Vorstellung durch den Vorgesetzten dem Zweck, unkontrollierte Kontakte zwischen dem Deutschen und den chinesischen Mitarbeitern zu unterbinden.

sehr zutreffend	eher zutreffend	eher nicht zutreffend	nicht zutreffend

b) Die Vorstellung seitens des Vorgesetzten ist üblich, da chinesische Unternehmen stark hierarchisch-zentralistisch geprägt sind. Nur dem »Patriarchen« gebührt die Ehre, neue Mitarbeiter einzuführen.

sehr zutreffend	eher zutreffend	eher nicht zutreffend	nicht zutreffend

c) Eine informelle Vorabvorstellung wäre von den chinesischen Mitarbeitern gar nicht ernst genommen worden. Sie hätte den Vorgesetzten übergangen und düpiert und dem Deutschen nachhaltig geschadet.

sehr zutreffend	eher zutreffend	eher nicht zutreffend	nicht zutreffend

d) Die chinesische Leitung revanchiert sich für ein zumindest Herrn Warnecke nicht bewusstes Vorkommnis zwischen den beiden Partnerfirmen.

sehr zutreffend	eher zutreffend	eher nicht zutreffend	nicht zutreffend

– Versuchen Sie, Ihre Einstufung jeder Antwortalternative zu begründen. Halten Sie die Begründung in schriftlicher Form stichpunktartig fest.

– Lesen Sie nun die Erläuterungen zu jeder Antwortalternative und vergleichen diese mit Ihren eigenen Begründungen.

Bedeutungen

Erläuterung zu a):
Sicher gibt es, in Küstenregionen und Wirtschaftssonderzonen jedoch immer seltener, noch Misstrauen und Scheu gegenüber Ausländern. In diesem Fall dürfte die Neugier dem neuen deutschen Kollegen gegenüber weit größer als Scheu und Misstrauen gewesen sein; allein aus diesen Gründen wäre nicht vier Tage lang Distanz gehalten worden. Weshalb die Chinesen mit dem Kennenlernen warten, hat andere Gründe.

Erläuterung zu b):
Die Antwort erklärt nur einen Teil des Verhaltens. Es ist zwar richtig, dass die Vorstellung durch den Vorgesetzten zu erfolgen hat, jedoch ist nicht der patriarchale Stil chinesischer Unternehmensführung dafür verantwortlich.

Erläuterung zu c):
Ja, ein zentraler Aspekt wird in dieser Antwort getroffen: Eine eigenmächtige Vorstellungsrunde hätte nicht zu dem gewünschten Ergebnis geführt. Die chinesischen Kollegen hätten wahrscheinlich den offiziellen Rahmen vermisst und das Verhalten wohl als ein Hinwegsetzen über den Vorgesetzten und seine Kompetenzen gewertet. Es ist durchaus möglich, dass auch der Vorgesetzte sich düpiert und übergangen gefühlt hätte, sofern er nicht bereits Erfahrung mit »westlichen« Ausländern und deren individuellen Stil hat. Beziehungen zwischen Individuen, losgelöst vom Kontext ihres sozialen Umfelds und ihrer funktionalen Zielsetzung, sind in China kaum denkbar. So erklärt sich teilweise auch, weshalb Chinesen häufig als sehr pragmatisch bezeichnet werden, meist mit negativem Unterton. Der Deutsche gilt, auch wenn er seine Stelle schon angetreten hat, als Fremdkörper, solange er nicht durch einen aufgrund seiner Position dazu Ermächtigten im Rahmen eines offiziellen Aktes in seinen Platz ein-

gewiesen worden ist. So erhält er seine berufliche und davon nicht zu trennende soziale Rolle und Funktion.

Nun bliebe noch das Problem zu klären, dass in diesem Fall dem neu ankommenden Gast nicht die notwendige Ehre der Begrüßung zuteil wurde, sondern er darauf vier Tage warten musste (siehe dazu Erläuterungen unter d).

Erläuterung zu d):
Richtig ist auf jeden Fall, dass hier etwas schiefgegangen ist. Die sprichwörtliche chinesische Zuvorkommenheit, wenn es darum geht, neue Gäste oder Kollegen zu empfangen, ließe eine solche Gleichgültigkeit gegenüber Herrn Warnecke nicht zu. Eher würde man ihn von der ersten Stunde seines Eintreffens am Flughafen an betreuen und durch mehr oder weniger direkte Informationen darauf hinweisen, dass sich sein offizieller Arbeitsbeginn um einige Tage verzögern würde. Vielleicht wurde der vereinbarte Termin für die Arbeitsaufnahme Herrn Warneckes nicht rechtzeitig mitgeteilt oder noch Gravierenderes war zwischen der deutschen und der chinesischen Firma vorgefallen. Nur so wäre zu erklären, dass niemand, der stellvertretende Manager, beauftragt worden war, sich um Herrn Warnecke an dessen ersten Tagen in China zu kümmern.

Der zweite Aspekt, der in dieser Situation angesprochen wird, die Bedeutung der offiziellen Einführung durch einen Vorgesetzten, ist unter c) dargestellt.

- Beantworten Sie für sich folgende Frage: Wie würden Sie sich in einer vergleichbaren Situation verhalten?
- Halten Sie Ihre Überlegungen stichpunktartig in schriftlicher Form fest.

■ Lösungsstrategie

Nach chinesischer Tradition und Etikette hat der stellvertretende Manager richtig gehandelt. Innerhalb der Familie hätte die Begrüßung durch den Ältesten (Mann!) zu geschehen, innerhalb der Firma durch den Vorgesetzten. Damit entspricht dieser den an ihn gestellten Rollenerwartungen. Er demonstriert die Bedeutung und Macht seiner Person und weist mittels derselben dem neuen Mitarbeiter den ihm gebührenden Platz in der Hierarchie zu. Seine formelle Vorstellung mit Titel, Befugnissen und Verantwortlichkeiten bildet die Grundlage für die weitere informelle Kontaktaufnahme zu den Kollegen, die ohne diese Wissensbasis kaum geneigt wären, eine persönliche Bekanntschaft herzustellen. Der Vorgesetzte erst gibt durch die Vorstellung dem neuen Mitarbeiter »Gesicht« und gewinnt selbst »Gesicht« durch die gleichsam protokollgemäße Einführung eines (hoffentlich) kompetenten ausländischen Mitarbeiters. Hätte der Deutsche versucht, dem formellen Akt zuvorzukommen, hätte er seinem Vorgesetzten das »Gesicht« genommen, ihn einer seiner Funktionen beraubt und in ihn in den Augen der anderen Mitarbeiter überflüssig gemacht. Bei einem nachtragenden Vorgesetzten könnte das der Anfang vom Ende der Zusammenarbeit sein.

Sie sollten auf jeden Fall die Formen der Etikette beachten, besonders in so bedeutsamen Situationen wie Erstbegegnungen, Verhandlungsbeginn, offizielle Einführungen oder Ehrungen.

In der vorliegenden Situation dürfte die geduldig abwartende Haltung Herrn Warneckes besonders wichtig gewesen sein, da kaum anzunehmen ist, dass zwischen der deutschen und der chinesischen Seite Eintracht bestand. Eventuell hätte Herr Warnecke über das Stammhaus in Deutschland die Gründe für das auffallend hinhaltende chinesische Verhalten erfahren können. Jedoch hätte ihm auch das wohl wenig geholfen, seine Situation zu verändern. Besser noch, als jeden Tag im Büro zu erscheinen, wäre gewesen, im Hotel oder der Wohnung zu bleiben oder sich außerhalb des Büros die Zeit zu vertreiben bis zu dem ihm angekündigten Termin, um sich dann »gut akklimatisiert« an seinem Arbeitsplatz einzufinden, als wäre nicht gewesen. In dieser Situation würde ein Problematisieren oder Nachfragen bei den chinesischen Kollegen keinesfalls zur Klärung beitragen, sondern nur weiter Peinlichkeiten heraufbeschwören.

Beispiel 4: Tischordnung beim Bankett

Situation

Herr Bongartz arbeitet seit einiger Zeit als Ingenieur bei einem in China tätigen deutschen Technologieunternehmen. Immer wieder erlebt er Situationen wie die folgende:

»Im Zusammenhang mit einem Kongress, an dem unser Joint Venture wesentlich beteiligt war, musste ein größeres Bankett organisiert werden. Dafür malte einer unserer Angestellten zum Erstaunen aller Deutschen fast einen ganzen Tag lang Kreise, um die Tischordnung auszuarbeiten. Inzwischen kenne ich das, es ist schon vorgekommen, dass die Kreise von chinesischer Seite länger besprochen wurden als die eigentlich interessierenden Vorträge oder Inhalte der Zusammenkunft. Trotz oder gerade wegen dieser umständlichen Planung kommt es bei solchen Banketten dann vor, dass die nebeneinander sitzenden Leute sich gar nicht unterhalten können, entweder aufgrund von Sprachproblemen oder weil sie füreinander uninteressante Gesprächspartner sind. Meistens werden bei solchen Anlässen Namenskarten aufgestellt, oder man wird nach dem Eintreten von den chinesischen Gastgebern umständlich an seinen Platz geführt, besonders wenn es sich um eine kleinere Gruppe handelt.«

Warum verbringt der chinesische Mitarbeiter so viel Zeit damit, die Tischordnung für das Bankett zu erstellen?

- Lesen Sie nun die Antwortalternativen nacheinander durch.
- Bestimmen Sie den Erklärungswert jeder Antwortalternative für die gegebene Situation und kreuzen Sie ihn auf der darunter befindlichen Skala entsprechend an. Es ist möglich, dass mehrere Antwortalternativen den gleichen Erklärungswert besitzen.

Deutungen

a) Die Tischordnung ist ganz klar hierarchie- und prestigeorientiert. Allerdings ist es, etwa für einen Kongress, nicht ganz einfach zu entscheiden, wer in der Hierarchie höher steht oder wem in diesem spezifischen Kontext eine zentrale Stellung und größere Bedeutung zukommt. Daher dauert es eben seine Zeit, bis der nach chinesischen Vorstellungen beste Kompromiss ausgetüftelt ist.

sehr zutreffend	eher zutreffend	eher nicht zutreffend	nicht zutreffend

b) In China spielen Disziplin und Unterordnung des Individuums unter die Ziele der Gruppe eine noch weit größere Rolle als in westlichen Demokratien. Eine fehlende Tischordnung würde Unsicherheit unter den Teilnehmern auslösen und interessante Gespräche würden erst recht nicht zustande kommen.

sehr zutreffend	eher zutreffend	eher nicht zutreffend	nicht zutreffend

c) Eine fehlende Tischordnung beim Bankett würde für die wichtigen Personen dieses Kongresses einen großen Gesichtsverlust bedeuten, wenn sie sich auf einmal unter das »normale Volk« mischen müssten. Die Ausarbeitung der Tischordnung ist eine Art Gesellschaftsspiel, in dem es auch darum geht, die eigene Seilschaft möglichst auf den vorderen Rängen zu platzieren.

sehr zutreffend	eher zutreffend	eher nicht zutreffend	nicht zutreffend

d) Bei dem Ausarbeiten der Tischordnung handelt es sich um ein altes Ritual, bei dem die traditionelle chinesische Kosmologie sowie Prinzipien des Fengshui berücksichtigt werden müssen. Auch wenn selbst viele Chinesen diese Form der Ritualisierung von Tischordnungen heutzutage als verstaubt und unmodern betrachten, hat es sich in vielen Unternehmen nach wie vor erhalten.

sehr zutreffend	eher zutreffend	eher nicht zutreffend	nicht zutreffend

- Versuchen Sie, Ihre Einstufung jeder Antwortalternative zu begründen. Halten Sie die Begründung in schriftlicher Form stichpunktartig fest.
- Lesen Sie nun die Erläuterungen zu jeder Antwortalternative und vergleichen diese mit Ihren eigenen Begründungen.

Bedeutungen

Erläuterung zu a):
Das ist die treffendste Antwort, auch wenn, wie Sie bemerkt haben werden, in den anderen Antworten oft ein Körnchen Wahrheit steckt. Ein Bankett dient weit mehr noch als ein Geschäftsessen dazu, dem Gast, Partner oder Kunden Gesicht zu geben. Man erweist ihm Ehre und zeigt vor anderen, wie teuer – im wahrsten Sinne des Wortes – dieser Gast für einen ist. Dies drückt sich in der stark hierarchie- und prestigeorientierten chinesischen Gesellschaft eben in erster Linie durch Sitzordnung und Preis (nicht Qualität) des Essens aus. Ziel ist nicht, wie im Westen eher üblich, dass man sich nett unterhält, möglichst viele interessante Leute kennen lernt und interessante Diskussionen führt. In erster Linie ist die Präsentation der Person Inhalt der Kommunikation.

Erläuterung zu b):
Tatsächlich entsteht durch eine fehlende Tischordnung eine Verunsicherung der Teilnehmer. Allerdings sollte der Wille zu Disziplin und Unterordnung doch etwas vorsichtiger eingeschätzt werden, denn gerade in der aufbrechenden Gesellschaft des modernen China ist der Wille, die eigene Person nach oben zu bringen, mitunter stärker als der zur Unterordnung. Es ist nicht unbedingt richtig, dass so erst recht keine interessanten Gespräche zustande kommen würden. Entscheidend ist, dass dies gar nicht das Ziel einer solchen Veranstaltung ist. Der wichtigste Aspekt der Bedeutung der Tischordnung wird in dieser Antwortalternative nicht aufgezeigt.

Erläuterung zu c):
Es ist richtig, das Thema »Gesichtsverlust« ist hier von nicht zu

unterschätzender Bedeutung. Allerdings geht es nicht um einen Gesichtsverlust, der beim Mischen unter das »normale Volk« entstünde. Es wird ein Empfinden gestört, das dem des Gesichtsverlust vorgeschaltet ist. Die Ausarbeitung der Tischordnung als Gesellschaftsspiel zu bezeichnen, geht am Ernst der Sache vorbei. Das Thema ist zu sensibel, um hier nur an die eigenen »Seilschaften« zu denken.

Erläuterung zu d):
Dies ist die am wenigsten zutreffende Antwort. Zwar mag Fengshui in manchen Bereichen, wie zum Beispiel bei der Gestaltung von Arbeitsplätzen, vereinzelt eine Rolle spielen, mit der Frage warum die Tischordnung wichtig ist, hat dies aber nichts zu tun.

- Beantworten Sie für sich folgende Frage: Wie würden Sie sich in einer vergleichbaren Situation verhalten?
- Halten Sie Ihre Überlegungen stichpunktartig in schriftlicher Form fest.

■ Lösungsstrategie

Stellen Sie Ihre chinesischen Mitarbeiter, die sich die Mühe machen, einen Tag lang Kreise zu malen, nicht als Drückeberger oder Langweiler hin. Was sie machen, ist Public Relations von höchster Qualität. Der mit der Tischordnung beauftragte Mitarbeiter sollte kompetent genug sein, die Bedeutung der Teilnehmer richtig einschätzen zu können, und vertraut genug mit Ihnen, um Rückfragen zu einzelnen teilnehmenden Personen zu stellen. Gehen Sie mit diesem Mitarbeiter sein Ergebnis durch und fragen Sie ihn, weshalb er gerade zu dieser Anordnung gekommen ist. Sie werden dabei viel lernen können.

Achten Sie darauf, dass die in der Hierarchiestufe etwa dem der Chinesen entsprechenden deutschen Führungspersonen am Kopf der Tafel sitzen. Generell machen Sie nichts falsch, wenn Sie sich an der höchsten präsenten Hierarchiestufe der Chinesen orientieren; jedoch können Sie an entscheidenden Punkten der Zusammenarbeit Ihrem Partner durch die Anwesenheit etwa der

Vorstandsebene größtes Interesse und Achtung signalisieren. Damit geben Sie diesem »Gesicht«. Leider kommt es immer wieder vor, auch bei im Chinageschäft erfahrenen Firmen, dass der ranghöchste deutsche Gastgeber die Tafel mit einer Entschuldigung (»Die Termine!«) frühzeitig verlässt. Das ist eine grobe Unschicklichkeit, denn es ist chinesische Tradition, dass derjenige, der die Tafel ausgerichtet hat, diese auch beendet. Die in Europa häufig anzutreffende Angewohnheit, dass jeder den Tisch verlässt, wann es ihm gerade passt, ist in China absolut undenkbar. Beendet ist das Bankett dann, wenn der Gastgeber dies, meist durch Aufstehen oder ein kurzes Schlusswort, signalisiert, oft noch während Sie mit dem letzten Gang beschäftigt sind. Ein langsamer Ausklang, ein gemütliches Bier oder Ähnliches im Anschluss sind unüblich. Einen Umzug in die Bar oder den Club in kleiner Runde gibt es unter Umständen in Taiwan, aber (noch) nicht in der Volksrepublik China.

Nun erfahren Sie auch in diesem Training immer wieder, wie wichtig es sei, seine Partner persönlich kennen zu lernen, und werden sich nun fragen, wie das bei solchem Bankettgebaren möglich sein soll. Tatsächlich ist das relativ einfach, denn die erste Orientierung bekommen Sie über die Positionierung der Sie interessierenden Personen. Daran können Sie schon ablesen, wie wichtig eine Person ist, ob Sie persönlich mit dieser Person Kontakt aufnehmen können, oder ob Sie das an einen untergebenen Mitarbeiter delegieren oder besser einem Vorgesetzten überlassen sollten, der auf vergleichbarer Hierarchieebene steht. Für Chinesen ist die Position Ihrer Person innerhalb eines hierarchischen oder sozialen Gefüges eine wichtige Information, die sie in ihrem weiteren Verhalten zu nutzen wissen. Lernen auch Sie, scheinbar unbedeutende Informationen so umzubewerten, damit Sie künftig Ihrer Stellung entsprechend agieren können.

Stören Sie sich nicht an den für deutsche Ohren formelhaft und ritualisiert anmutenden Gesprächen, sondern nutzen Sie diese Gesprächsformen für sich selbst. Persönliches Kennenlernen in diesem geschäftlichen Rahmen heißt in China nicht, dass Sie Ihren Gesprächspartner besonders sympathisch finden müssen und sich über aktuelle oder private Themen geistreich austauschen sollten. Es mag Ihnen vielleicht indiskret erscheinen, nach Ehestand oder Frau und Kindern, nach der Marke und dem Preis Ihres Wagens oder ähnlichem gefragt zu werden. Dabei geht es aber nicht darum, Sie persönlich auszuhorchen, sondern sich ein Bild von Ihrer gesellschaftlichen Stellung und Eingebundenheit zu machen. Es kommt auch nicht darauf an, zu jedem Punkt die ganze Wahrheit zu erzählen. Wenn Ihre Frau nicht mit nach China gereist ist, weil Sie keine Lust dazu hatte, sollten Sie dies nicht so direkt ausdrücken, sondern nett umschreiben.

Gestalten Sie die Unterhaltung ausgewogen, lassen Sie sich nicht zu Selbstdarstellungen hinreißen, hinter denen Ihr Gesprächspartner nur noch blass aussehen kann. Auch sollten Sie heftige Diskussionen etwa um politische Themen vermeiden. Vor allem bei öffentlichen Anlässen gibt es zu viele Zuhörer, als dass sich ein chinesischer Gesprächspartner dabei wohl fühlen könnte. Obendrein ist der beliebte deutsche Stil des argumentativen Schlagabtausches in China ungleich weniger beliebt, zumindest bei offiziellen Anlässen und im Umgang mit Ausländern.

■ Kulturelle Verankerung von »Hierarchie«

Es mag paradox klingen, aber die oft genannten hierarchischen Strukturen in China haben in erster Linie nicht mit Unterordnung oder subjektiver, individueller Machtausübung zu tun. Die streng festgelegte Hierarchie, die sich in ausgefeilten Rangsystemen in der Beamtenschaft oder in Beziehungsstrukturen in der Familie manifestiert, bedeutet keine Unterscheidung der Menschen nach ihrem Wert, sondern ist eine rein formale Zuweisung des angemessenen Platzes im Ganzen. Die ausführlich betriebenen Respekt- oder Unterwerfungsbezeugungen bedeuten somit keine Erniedrigung, sondern sind ein formaler Akt der Anerkennung der bestehenden sozialen Ordnung. Wie man in der Natur auch nicht eine kleine Pflanze als einer großen unterworfen ansehen würde, lässt sich eine solche Vorstellung auch nicht mit der traditionellen chinesischen Gesellschaftsordnung gleichsetzen. Denn letztendlich steht ein gemeinsames Gesetz über allen, wie die Naturgesetze über den natürlichen Erscheinungen. Durch die eigene Herabsetzung fühlt man sich nicht zweitklassig in seinem Wert als Mensch, sondern man fügt sich an seinem rechten Platz ein und erhält erst dadurch seinen Wert als menschlicher Teil im Ganzen.

Ein viel zitiertes Ideal der chinesischen Gemeinschaft oder die gesellschaftliche Utopie in China ist die »Große Gemeinschaft« oder »Große Gleichheit« (Da tong). Diese Vorstellung wurde schon in der Han-Zeit in einem der konfuzianischen Klassiker entwickelt, dem »Liji« das die rituellen Bestimmungen enthält. Auch hier bedeutet Gleichheit nicht, dass alle gleiche Rechte und Möglichkeiten haben, sondern dass sich jeder in gleicher Weise an seinem Platz in der Gesellschaft verwirklichen kann. Mit der Einbindung in die kosmische Ordnung durch die strikte Einhaltung der Etikette wird dies gewährleistet, und so wird die soziale Harmonie hergestellt.

Der Fürst oder Kaiser an oberster Stelle einer solchen Hierarchie kann selbst auch nicht eigenmächtig oder willkürlich handeln, sondern muss sich möglichst so in den Regierungsablauf einbinden, dass man ihn gar nicht bemerkt. Er ist zwar das Zentrum absoluter Autorität, aber diese soll er nicht eigenmächtig ausüben, sondern den Untergebenen als (moralisch gute) Nährquelle dienen. Dieses Kaiserideal hat wesentliche Züge der daoistischen Lehre in sich aufgenommen. Der Daoismus fordert die absolute Einbindung des Einzelnen in die natürlichen Abläufe der Welt und des Kosmos. »Tue nichts, und alles wird getan« ist der bekannteste Leitsatz der Daoisten, dem im Idealfall auch der Kaiser folgen soll. Denn jede Aktion bedeutet eine Einwirkung und Beeinflussung von Vorgängen, die selbst schon an sich gut und ideal sind, und kann insofern nur eine Verschlechterung des Status quo bedeuten. Das lässt sich nach chinesischer Auffassung auch auf die Regierungslehre übertragen. Wenn man den gesellschaftlichen Kräften ihren Lauf und ihre freie Entfaltung lässt, werden sie sich zu einem harmonischen Ganzen verbinden. Voraussetzung hierfür ist aber, dass sich alle Kräfte an ihrem zugewiesenen Platz befinden und diesen behalten.

Plannerer

Themenbereich 2: Strategie und Taktik

Beispiel 5: Verhandlung an Weihnachten

Situation

Herr Günther ist ein auf dem internationalen Markt erfahrener Verkäufer. Zusammen mit zwei Kollegen steht er nach langer Aufbauphase und einigen Chinareisen endlich kurz vor Abschluss eines Vertrags über Lieferung und Aufbau einer großen Anlage in China. Da wird es unerwartet noch einmal spannend:

»Es war Dezember, und Weihnachten rückte immer näher, während wir noch in Verhandlungen mit der chinesischen Delegation saßen und jeden Tag aufs Neue glaubten, zum Ende zu kommen. Die Technik, Lieferkonditionen und fast alle kommerziellen Details waren klar. Aber um den endgültigen Preis wurde unendlich gefeilscht, ohne dass es dabei noch um entscheidende Summen hätte gehen können. Wir hatten unser Limit ziemlich ausgeschöpft und waren nicht bereit, uns noch weiter drängen zu lassen. Es war schon der Dezember, und unsere chinesischen Kollegen wussten sehr wohl, dass wir Deutsche alle über Weihnachten nach Hause fahren wollten. Das schien sie aber gar nicht zu interessieren, denn sie versuchten, noch um die letzten Promille zu verhandeln und schlugen schließlich vor, sich am 24. Dezember noch einmal zu Verhandlungen zu treffen. Eigentlich war jedoch der 19. Dezember der letzte offizielle, im voraus geplante Verhandlungstag. Solche Verzögerungen und Verlängerungen kannten wir ja nun, aber Weihnachten war doch etwas anderes. Als wir nun nicht direkt einlenkten und obwohl ich alle Vollmachten für diese Geschäftsabschlüsse hatte, wollten die Chinesen, dass unser Vorstand aus Deutschland anreisen sollte. Sie glaubten, dass dieser noch etwas mit dem Preis heruntergehen würde. Daraufhin telefonierte ich selbst noch einmal mit Deutschland und teilte der chinesischen Delegation mit, dass dies definitiv unser letztes Angebot sei. Die Chinesen glaubten mir nicht, sie blieben bei ihrem Wunsch, mit dem Vorstand direkt zu sprechen. Also buchte ich einen Flug nach Deutschland, wo ich am 20. Dezember eintraf, um die Lage mit dem Vorstand zu besprechen, was dort einige Ratlosigkeit und Kopfschütteln auslöste. Ich traute meinen Augen nicht, als am 21. Dezember in Deutschland ein Telex auf meinem Tisch lag, welches den Vertragsabschluss zu den in China durch uns ausgehandelten alten Konditionen akzeptierte. So stand ich am 25. Dezember wieder in China, um zu Ende zu bringen, was schon vor der Heimreise fertig gewesen war. Der Heimflug war völlig umsonst gewesen!«

Teilen Sie die Meinung von Herrn Günther, dass der Heimflug völlig umsonst war? Wie beurteilen Sie das Beharren der Chinesen auf Einbeziehung des Vorstandes, das dann überraschend doch wieder fallen gelassen wurde?

- Lesen Sie nun die Antwortalternativen nacheinander durch.
- Bestimmen Sie den Erklärungswert jeder Antwortalternative für die gegebene Situation und kreuzen Sie ihn auf der darunter befindlichen Skala entsprechend an. Es ist möglich, dass mehrere Antwortalternativen den gleichen Erklärungswert besitzen.

Deutungen

a) Ein mit »allen Vollmachten« ausgestatteter Verhandlungsleiter ist für die Chinesen eben nicht die letzte Instanz. Das letzte Wort spricht nur einer – und das ist der Chef. Dass Herr Günther tatsächlich heimreist, statt alleine eine Entscheidung zu treffen, beweist die Richtigkeit dieser Annahme. Fallengelassen wurde die Anreise des Vorstands wegen der entstehenden Kosten (Bankette, Geschenke auf der einen, Reise, Unterbringung auf der anderen Seite), die die Unnachgiebigkeit im Preis zementiert hätte. Im Übrigen zählen Feiertage nicht, wenn es um ein wichtiges Geschäft geht.

sehr zutreffend	eher zutreffend	eher nicht zutreffend	nicht zutreffend

b) Die Chinesen glauben, eventuell doch noch Bewegung in die festgefahrenen Verhandlungen zu bringen, indem sie versuchen, Druck auf den Verhandlungsleiter auszuüben, zum einen durch das näher rückende Weihnachtsfest und zum andern durch die Forderung nach Einbeziehung des Vorstands. Dabei geht es nicht wirklich um eine neue Verhandlungsrunde mit diesem, sondern eher um die Überprüfung der Rückendeckung Herrn Günthers durch seinen Vorstand. Als klar wird, dass er bereit ist, dem Vorstand über das zu diesem Zeitpunkt als gescheitert zu betrachtende Stadium der Verhandlungen zu berichten, können sie sicher sein, am Ende des Verhandlungsspielraums angekommen zu sein, und erklären sich zur Unterzeichnung der bis dahin ausgehandelten Konditionen bereit.

sehr zutreffend	eher zutreffend	eher nicht zutreffend	nicht zutreffend

c) Die Chinesen zweifeln an der Kompetenz des Verhandlungsleiters und machen deutlich, dass sie nicht länger bereit sind, mit jemandem aus der zweiten Reihe zu verhandeln. Dementsprechend sehen sie das Anliegen, die Verhandlungen über die Weihnachtstage hin auszudehnen, nicht als ihr Verschulden an. Dass der Vertrag dann letztlich doch zustande kommt, liegt wahrscheinlich an der Beseitigung interner chinesischer Probleme wie Devisenknappheit oder bisher fehlender staatlicher Zusagen zu dem Projekt.

sehr zutreffend	eher zutreffend	eher nicht zutreffend	nicht zutreffend

d) Die Chinesen verlieren das Interesse an diesem Geschäft, da sie sehen, dass sie nicht den gewünschten Preis erzielen können. Dadurch, dass sie die letzte Entscheidung an das Stammhaus zurückgeben, ersparen sie dem Verhandlungsleiter den Gesichtsverlust. Scheitert das Geschäft durch Nichtzustimmung der Vorstandsebene, bleibt der Verhandlungsleiter vor einem Gesichtsverlust bewahrt, und zu einem späteren Zeitpunkt kann mit ihm wieder zusammengearbeitet werden.

- Versuchen Sie, Ihre Einstufung jeder Antwortalternative zu begründen. Halten Sie die Begründung in schriftlicher Form stichpunktartig fest.
- Lesen Sie nun die Erläuterungen zu jeder Antwortalternative und vergleichen diese mit Ihren eigenen Begründungen.

Bedeutungen

Erläuterung zu a):
Für viele Chinesen, vor allem für die ältere, durch Staatsbetriebe geprägte Generation, ist ein Verhandlungsleiter wie Herr Günther wirklich nicht die letzte Instanz. Aus ihrer Sicht wird diese Annahme bestätigt durch die Tatsache, dass er zu Gesprächen mit dem Vorstand nach Deutschland fliegt. Sie können nicht glauben, dass die letzte Entscheidung von einem allein und noch nicht einmal vom »Chef« des Unternehmens getroffen wird. Ebenfalls richtig ist die Annahme, dass Feiertage nicht zählen, wenn es um ein wichtiges Geschäft geht.

Mit Sicherheit falsch ist jedoch die Behauptung, die Anreise des Vorstands wäre schließlich fallen gelassen worden aufgrund vorher nicht bedachter anfallender Kosten. Damit wird die Planungssicherheit der chinesischen Delegation unterschätzt.

Da inzwischen jedoch mehr und mehr im internationalen Geschäftsleben erfahrene chinesische Manager tätig sind, kann nicht allein davon ausgegangen werden, dass das chinesische Verhalten auf die Unkenntnis deutscher Organisationsstrukturen zurückzuführen ist. Vielmehr wird in dieser Antwort übersehen, dass es hier um verhandlungstaktisch begründete Verhaltensweisen geht.

Erläuterung zu b):
Das ist die treffendste Antwort. Es handelt sich in erster Linie um taktische Überlegungen der Chinesen, die auf diese Weise überprüfen wollen, ob nicht doch noch Verhandlungsspielräume bestehen. Als Herr Günther demonstriert, dass er durchaus wagt, seine Unnachgiebigkeit im gegenwärtigen Stadium der Verhandlungen dem Vorstand zu präsentieren und sich durch nichts unter Druck setzen zu lassen, wissen die Chinesen, dass weitere Vorteile mit diesem deutschen Partner nicht mehr zu erzielen sind, sonst würden die geschäftlichen Beziehungen, vor allem zu Herrn Günther, belastet. Sie sind jetzt überzeugt, dass Herr Günther tatsächlich die volle Entscheidungsgewalt hat, dass ein Telefongespräch von China aus mit dem Vorstand tatsächlich stattgefunden hatte und nicht nur ein strategischer Schachzug Günthers war. Eine Anreise von Vorstandsmitgliedern zu weiteren Verhandlungen ist daher überflüssig, ebenso wie das von Herrn Günther wahrscheinlich schon in die Wege geleitete Gespräch mit dem Vorstand, weshalb Herr Günther kurzerhand gebeten wird, zur Unterzeichnung des Vertrags zu den bisher ausgehandelten Konditionen nach China zu kommen. Da es ganz offensichtlich um ein größeres Projekt geht, das obendrein den Chinesen eilig zu sein scheint, spielt auch die Tatsache, dass bald Weihnachten ist, keine große Rolle. Wenn etwas wirklich wichtig ist, zählt auch ein chinesischer Feiertag nicht. Die Unterzeichnung an Weihnachten ist daher nicht als gegen Herrn Günther gerichtete »Gemeinheit« zu verstehen, wenngleich der im Vorfeld gemachte Vorschlag, die Verhandlungen ausgerechnet an Weihnachten fortzuführen, durchaus als strategisches Mittel gedacht gewesen sein mag.

Erläuterung zu c):
Nein, es handelt sich hier nicht um Zweifel an der Kompetenz des Verhandlungsleiters. Auch die Tatsache, dass selbst für größere

Projekte im westlichen Management ein Einzelner Prokura hat und nicht für jeden Schritt die Zustimmung des Vorstands benötigt, hat sich in China inzwischen herumgesprochen, wenngleich es dort nicht überall so ist. Ebenso wenig geht es natürlich um den Versuch, Schuldzuweisungen für die missachteten Feiertage von sich zu weisen. Beides, die Androhung von Verhandlungen am Feiertag als auch der Versuch, die Vorgesetzten in Deutschland einzubeziehen, hat rein taktische Gründe.

Erläuterung zu d):
Wenn Sie diese Antwort als zutreffend eingestuft haben, befinden Sie sich auf dem besten Wege, die Chinesen bezüglich des typisch chinesischen taktischen Denkens noch zu überflügeln. Allerdings sind Sie hier doch etwas über das Ziel hinausgeschossen. Dass die Chinesen das Geschäft nicht mehr wünschen, würden sie durch andere Maßnahmen anzeigen als die Aufforderung, die Vorstandsebene solle bitte schön ihre Feiertage opfern. Nachlassendes Interesse wird auch in China durch verminderte Aktivität angezeigt. Der Schachzug jedoch, andere vorzuschicken, wenn es darum geht, Dinge ungeschehen zu machen, sich eine neue Chance zu geben oder Vorgängern das Gesicht zu wahren, ist durchaus üblich, wenn er auch selten – wie in dieser Antwort unterstellt – auf das Gegenüber angewandt wird.

– Beantworten Sie folgende Frage: Wie hätte sich der deutsche Manager in der Situation verhalten sollen?

■ Lösungsstrategie

Beim vorliegenden Stand der Dinge hätte man dem Verhandlungsleiter schwerlich noch gute Ratschläge erteilen können. Es ist nicht anzunehmen, dass durch ein anderes als das gezeigte Verhalten des deutschen Verhandlungsleiters die Chinesen von ihrem Versuch abgerückt wären, mittels taktischer Hilfsmittel weitere Preisnachlässe zu erzielen. Gegen solche Versuche ist nichts einzuwenden, die Kunst des Verhandelns ist in China ebenso alt wie sprichwörtlich.

In der vorliegenden Situation war den Chinesen wohl bewusst, dass die Vorstandsebene erst nachdem das Chinaprojekt grundsätzlich beschlossen worden war, den Verhandlungsleiter bestimmt und mit den für die Verhandlungen nötigen Vollmachten ausgestattet hatte. Der strategische Schachzug mit dem Vorstand wäre möglicherweise entfallen, wenn der Verhandlungsleiter von Anbeginn an als der einzig Verantwortliche und Initiator der Geschäftsbeziehung aufgetreten wäre. Umgekehrt aber hätte der deutsche Verhandlungsleiter die Möglichkeit gehabt, zur Betonung der Bedeutung des Projekts und der daran Beteiligten die Vorstandsebene einzubeziehen. Er hätte dadurch sich und seinen chinesischen Partnern Gesicht gegeben.

In China ist es erst durch die relativ junge Privatisierung der Wirtschaft möglich, dass eine einzelne Person derart weit reichende Entscheidungen allein fällt. Dann aber ist diese Person meist nicht Angestellter, sondern Besitzer und Geschäftsführer in Personalunion. Gedanken der »Corporate Identity«, der Identifikation mit der Firma, sind in China noch weitgehend unbekannt, entsprechen generell nicht der chinesischen Mentalität, wie sich auch an Beispielen von Firmen in Hongkong, Singapur oder Taiwan zeigen lässt. Loyalität gegenüber der Firma wird in erster Linie über familiäre, verwandtschaftliche, mindestens aber persönliche Beziehungen hergestellt. So mag zu erklären sein, dass in China im Allgemeinen davon ausgegangen wird, dass die größere Entscheidungsbefugnis der obersten Chefetage zu weiteren Vergünstigungen in der Verhandlungssache führen kann. In der hier geschilderten Situation zeigt sich jedoch, dass dieser Schritt nicht ernsthaft erwogen wurde.

Der Verhandlungspartner wird in China als Gegenspieler betrachtet, dem zu misstrauen ist und der mit allen Künsten bearbeitet werden muss, bevor man davon ausgehen kann, das Optimum ausgehandelt zu haben. Ein stilles Einverständnis, sich auf eine »both-win«-Strategie zu einigen, sollten Sie, zumal beim Erstgeschäft, kaum erwarten. Dagegen können Sie davon ausgehen, dass ein Entgegenkommen der einen Seite ein ebensolches der anderen Seite rechtfertigt. Es ist wahrscheinlich, dass Sie ein kurzfristigeres Ausgleichen erwarten als die chinesischen Partner.

In Verbindung mit dieser alten Tradition des Handelns und Feilschens ist auch eine neuere Tendenz zu sehen, die sich die chinesische Außenwirtschaftspolitik in zunehmend perfektionierter Art und Weise zueigen macht. China ist der neue Markt. Alle »alten« Industrienationen drängen sich an seinen Pforten. China weiß zu wählen und spielt die Konkurrenten mitunter meisterhaft gegeneinander aus. Hier wird häufig eine stärkere Rückendeckung und Unterstützung der deutschen Industrie durch die Politik eingeklagt, um nicht Einstiegsgeschäfte zu verpassen.

Ganz allgemein gilt, dass Sie versuchen sollten, mit Ihrem chinesischen Partner von Beginn an auf möglichst hoher Ebene zu kommunizieren. Rechnen Sie von Anfang an in jedem Fall damit, dass die Verhandlungen »knochenhart« sein werden, dass Ihre Geduld bis zum Äußersten strapaziert wird und dass Sie ohne eine Abreise nach Deutschland oder ein vergleichbares Symbol für das erreichte Limit keinen Schlussstrich unter die Verhandlungen werden ziehen können. Versuchen Sie immer, sich soweit möglich darüber zu informieren, wie weit Ihre Konkurrenz mitzieht.

Beginnen Sie Ihre Verhandlungen nicht mit offenen Karten und dem Glauben, dann schneller ans Ziel zu gelangen. Sammeln Sie zuerst Informationen über Ihre aktuellen Verhandlungspartner (in der nächsten Runde könnten es andere sein!) und deren Kompetenzen, Ziele und Rollen im Team. Verlassen Sie sich nicht nur auf Ihre Erfahrung und spontane Reaktionsbereitschaft, sondern planen Sie auch Ihr Vorgehen im Team präzise und korrigieren Sie dieses am jeweils aktuellen Stand. Nehmen Sie sich Zeit und versuchen Sie, Ihre Verhandlungspartner auch persönlich kennen zu lernen; ein Essen harmonisiert so manche gespannte Atmosphäre wieder. Je besser Sie sie kennen, desto eher werden Sie die Symbole Ihrer chinesischen Partner richtig deuten können und selbst entsprechende Antworten finden. Auch in China wird nicht immer so heiß gegessen wie gekocht; nicht immer ist ein letzter Termin ein letzter Termin.

■ Kulturelle Verankerung von »Strategie und Taktik«

Die Anwendung von Strategien und Taktiken hat in China eine jahrtausende alte Tradition, innerhalb derer die strategische Kriegsführung zu einer Art Kunst erhoben wurde. Dennoch wird die Bedeutung dieser klassischen Strategien und Listen für den heutigen Geschäftsalltag von Westlern eher überschätzt. Für den heutigen Geschäftsalltag ist vor allem das sich aus den klassischen Überlieferungen ergebende Grundverständnis von Strategien als intellektuelle Herausforderung und nicht als Hinterhältigkeit von Bedeutung.

In der klassischen Literatur finden sich zahlreiche Beispiele für ein Ausspielen des Gegners mittels einfallsreicher Listen. Meist beziehen sich die Themen auf den militärischen und kriegerischen Bereich. Das sind Werke wie der historische Monumentalroman über die Geschichte der »Drei streitenden Reiche«, in der die Helden Cao Cao und Zhu Geliang gegeneinander kämpfen, oder der berühmte Roman »Die Räuber vom Liangshan Moor«, der von Rebellenkämpfen gegen die korrupte Herrschaft berichtet. Figuren aus diesen Werken werden wiederum in den berühmten Peking-Opern aufgenommen und gehören so zum allgemeinen populären Erzählungsschatz. Das älteste chinesische Werk zu diesem Thema ist »Die Kriegskunst des Meister Sun« aus der Han-Zeit.

Ganz wichtig sind dabei zwei Aspekte: Das Hauptziel der Verwendung von solchen »Strategemen« (36 Kriegslisten) ist dabei nicht, dem Gegner auf größtmögliche Weise zu schaden, sondern im Gegenteil gerade die Vermeidung von kriegerischen Auseinandersetzungen. Vor allem aber sind List und Taktik nicht zu verstehen als Hinterlist oder übles Intrigantentum, vielmehr muss der Anwender derselben ein moralisch gutes Motiv haben, um im historischen Urteil Gefallen zu finden. Denn auch hier gilt die konfuzianische Ethik mehr als der kurzfristige eigene Vorteil.

Mao Zedong ist bekannt dafür, dass er ein großer Liebhaber dieser kriegerischen Romane war, und in vielen seiner Reden finden sich Anspielungen und Zitate. Zum einen hängt das mit den konkreten Erfahrungen des Befreiungskrieges in den 1930er und 1940er Jahren zusammen, zum anderen wird eine solche taktische Fähigkeit als Zeichen hoher Intelligenz angesehen.

Zwar finden sich in der gegenwärtigen chinesischen Literatur – genau wie im Westen – zahlreiche neue Werke, die diese alten Kriegslisten auf geschäftliches Handeln und Erfolg beziehen, jedoch wird die Bedeutung der alten »Strategeme« im Geschäftsalltag gern überschätzt. Sie dienen als schmückende Begründung einer erfolgreichen, klugen Verhandlungsführung, als dass sie direkte Grundlage derselben wären. Entscheidend ist die Rollenverteilung und Kompetenz im Verhandlungsprozess sowie die Tradition des Verhandelns. Daneben gibt es nach wie vor eine administrative und bürokratische Struktur, die sich zwangsweise zeitraubend auswirkt.

Plannerer

Themenbereich 3: Gesicht wahren

Beispiel 6: Stromausfall

Situation

Herr Zoltau ist mit einer Delegation deutscher Unternehmer in China und interessiert sich für die Marktchancen seiner Produktpalette sowie für mögliche Kooperationspartner. Einige Erfahrungen haben ihn jedoch sehr stutzig werden lassen:

»Unter anderem haben wir ein Halbleiterinstitut besucht, welches in unseren fachlichen Bereich fällt. In diesem Institut zeigten uns die Chinesen ihre wirklich modernen Maschinen, die jedoch nicht in Betrieb waren. Wir fragten, warum die denn nicht laufen würden, worauf ein Herr sagte, dass heute Stromsperre sei. Da dergleichen in dieser Region durchaus öfter vorkommt, erschien uns die Antwort erst nicht unplausibel. Allerdings bekamen wir nach und nach den Eindruck, dass an diesen Geräten überhaupt nie gearbeitet wurde, weshalb wir noch einen zweiten Mitarbeiter fragten, der dann meinte, dass heute die Filter ausgewechselt würden, und ein Dritter behauptete schließlich, dass aufgrund einer gegenwärtig stattfindenden Sitzung der Betrieb ruhen würde. Über diese offensichtlichen Lügen waren wir sehr erstaunt, denn welchen Grund hätte es gegeben, vor uns etwas zu verschweigen?«

Was hat es mit diesen »offensichtlichen Lügen« auf sich, und gibt es wirklich keinen Grund, vor dieser Delegation etwas zu verschweigen?

- Lesen Sie nun die Antwortalternativen nacheinander durch.
- Bestimmen Sie den Erklärungswert jeder Antwortalternative für die gegebene Situation und kreuzen Sie ihn auf der darunter befindlichen Skala entsprechend an. Es ist möglich, dass mehrere Antwortalternativen den gleichen Erklärungswert besitzen.

■ Deutungen

a) Die befragten Personen haben wahrscheinlich die Fragen der Deutschen nicht richtig verstanden, etwa aufgrund einer schlechten oder sogar fehlenden Übersetzung, wie man sie leider bei solchen Angelegenheiten häufig in Kauf nehmen muss. Um das eigene und das Gesicht des Fragers oder gegebenenfalls des Dolmetschers zu schützen, wollten sie nicht nachfragen, denn das Verständnis wäre wahrscheinlich nicht besser geworden. Aus Höflichkeit den Deutschen gegenüber wiederum mussten Sie eine Antwort geben.

sehr zutreffend	eher zutreffend	eher nicht zutreffend	nicht zutreffend

b) Die Chinesen wollten den wahren Grund nicht nennen, da es sich um ein Betriebsgeheimnis handelte. Da keine plausible, gemeinsam abzugebende Erklärung vereinbart worden war, fiel es den Deutschen überhaupt erst auf.

sehr zutreffend	eher zutreffend	eher nicht zutreffend	nicht zutreffend

c) Die Chinesen benutzten Ausreden, da es Ihnen peinlich ist zuzugeben, dass sie mit den neuen, hochmodernen Arbeitsgeräten noch Schwierigkeiten haben. Eine derartige Inkompetenz oder auch nur momentane Unzulänglichkeit ausgerechnet vor möglicherweise interessanten Partnern oder Kunden zuzugeben, ist schlicht unmöglich.

sehr zutreffend	eher zutreffend	eher nicht zutreffend	nicht zutreffend

d) Die Chinesen meinten die jeweiligen »Ausreden« ironisch. Der Grund der Nichtbenutzung war für die gefragten chinesischen Mitarbeiter so selbstverständlich wie offensichtlich: Neue Geräte, neue Software – wie sollte man in China erwarten, dass die Umstellung von heute auf morgen zu bewerkstelligen ist? In dieser in China häufigen Art der Selbstironie spiegelt sich die Einsicht in die Grenzen der Veränderbarkeit naturgegebenen Seins durch menschlichen Veränderungswillen. Sie ist eine Form typisch asiatischer Bescheidenheit.

sehr zutreffend	eher zutreffend	eher nicht zutreffend	nicht zutreffend

- Versuchen Sie, Ihre Einstufung jeder Antwortalternative zu begründen. Halten Sie die Begründung in schriftlicher Form stichpunktartig fest.
- Lesen Sie nun die Erläuterungen zu jeder Antwortalternative und vergleichen diese mit Ihren eigenen Begründungen.

Bedeutungen

Erläuterung zu a):

Diese Antwort ist nicht richtig. Sprachliche Missverständnisse und falsche Übersetzungen erschweren zwar in erheblichem Maße die deutsch-chinesische Kommunikation, allerdings würde ein noch so mangelhaftes Verständnis der simplen Frage nach dem Grund der nicht in Betrieb befindlichen Maschinen kaum ein derart unterschiedliches Antwortverhalten zur Folge haben. Den Chinesen war sicher klar, dass die Deutschen den Grund für die ungenutzt herumstehenden Geräte erfragten. Richtig ist allerdings, dass Nachfragen zum richtigen Verständnis von beiden Seiten oft unterlassen werden, um die damit verbundene Peinlichkeit des gegenseitigen Nicht-Verstehens zu vermeiden.

Erläuterung zu b):

Nein, diese Antwort ist nicht richtig. Der Grund für die nicht in Funktion befindlichen Maschinen ist sicher kein Betriebsgeheimnis, das vor Ausländern verschwiegen werden muss. Wenn man eine Betriebsbesichtigung zulässt, wird man wohl kaum Angst vor Verrat offensichtlicher Betriebsvorgänge haben.

Erläuterung zu c):

Vermutlich konnten aufgrund des Ausbildungsstands der Mitarbeiter, technischer oder administrativer Schwierigkeiten die Geräte noch nicht zum Einsatz kommen. Die Frage nach dem Grund bringt die chinesischen Partner in Verlegenheit. Es könnte der Eindruck entstehen, man könne mit High-Tech-Geräten nicht umgehen und sie nicht zum Einsatz bringen. Das würde einen massiven Gesichtsverlust gegenüber den ausländischen Gästen und möglichen Interessenten oder Partnern bedeuten. Wenn Herr Zoltau meint, es bestehe kein Anlass, den deutschen Delegationsmitgliedern gegenüber etwas zu beschönigen, dann übersieht er, dass es schon der chinesische Nationalstolz verbieten würde, eine derartige Panne vor Vertretern der alten Industrienationen zuzugeben. Unter diesen Umständen ist jede noch einigermaßen plausibel erscheinende Antwort gut geeignet, dieser Konfliktlage zu entkommen. Den wahren Grund zu verschweigen, selbst wenn dies mit kaum glaubhaften bis fadenscheinigen Ausflüchten geschieht, ist in China immer akzeptabel, da die Höflichkeit gebietet, bei Erkennen einer solchen Schwäche nicht nachzubohren und bloßzustellen. Die Ausrede wahrt die Harmonie und das Gesicht, und das ist, obwohl in westlichen Augen mitunter lächerlich, gefahr- und konsequenzenloser als ein Gesichtsverlust.

Erläuterung zu d):

Nein, das wäre zuviel Humor. Gewiss war der Grund der Nichtbenutzung den Mitarbeitern nur zu gut vertraut. Aber nichts läge ihnen ferner, als sich selbst vor den Augen der Ausländer zu verspotten. Meister der Ironie sind da schon eher die Deutschen, und es stellt sich doch die Frage, ob in Deutschland derartig scharfe Selbstkritik in einer vergleichbaren Situation gelänge. Ausländischen Gesprächspartnern begegnet man in China mit Vorsicht und Respekt. Witze könnte man sich erst dann leisten, wenn man gut bekannt oder befreundet ist. Das Risiko des Missverständnisses oder der Verletzung des Partners ist sonst zu groß. (Selbst-)Ironie ist obendrein nicht gerade eine typisch chinesische Form des Humors (vgl. Kapitel »Interkulturelle Bemerkungen zum Thema Humor«). »Die taoistisch anmutende Erklärung, es handle sich um menschliche Schicksalsergebenheit und typisch asiatische Höflichkeit, hier missverstanden als Unterwürfigkeit, geht gründlich an der chinesischen Realität vorbei. Der gegenwärtig vorherrschende Zeitgeist betont eher die grenzenlosen Möglichkeiten menschlichen Strebens. Eifer und Lernbereitschaft sind sicher ein wesentlicher Grund für den Aufschwung in diesem Land, ebenso wie eine große Bereitschaft zum Wandel, zumindest auf technologischem Gebiet. An mangelndem Selbstbewusstsein leidet in China kaum noch ein Geschäftsmann. Das Bedauern der eigenen Rückständigkeit ist oft eher eine Höflichkeit dem Gast gegenüber, um sich etwa für irgendwelche Unzulänglichkeiten zu entschuldigen als Ausdruck des Empfindens einer Unterlegenheit und Rückständigkeit.

- Beantworten Sie für sich folgende Frage: Wie würden Sie sich in einer vergleichbaren Situation verhalten?
- Halten Sie Ihre Überlegungen stichpunktartig in schriftlicher Form fest.

■ Lösungsstrategie

Die deutschen Delegationsmitglieder haben durchaus korrekt gehandelt. Wenn während einer Betriebsbesichtigung auffällt, dass Geräte oder Maschinen ungenutzt herumstehen, ist es selbstverständlich, dass nach dem Grund gefragt wird. In diesem Fall fühlten sich die Chinesen nicht frei genug, den wahren Grund zu nennen, sondern mussten Ausreden erfinden, um ihr Gesicht zu wahren. Es gebietet die Höflichkeit, die gegebenen Antworten nicht vor aller Öffentlichkeit miteinander zu vergleichen, sich darüber lustig zu machen und die Chinesen damit so vorzuführen.

Unlogische, nicht nachvollziehbare und nicht eigentlich zur

Sache gehörende Antworten auf gestellte Fragen sollte man eher als »Alarmsignalgebracht, sondern Zurückhaltung und eine vorsichtige Beobachtung und Analyse der situativen Bedingungen.

Die Deutschen hätten in der geschilderten Situation durchaus ein allgemeines Gespräch über die immer wieder auch in Deutschland auftretenden Schwierigkeiten bei der Umstellung auf neue Soft- und Hardware, neue Maschinen oder Produktionsweisen beginnen können. Ein solches fachbezogenes Gespräch hätte dann womöglich im »Zwischentext« einigen Aufschluss gegeben über den geplanten, aber in Schwierigkeiten steckenden Einsatz der aufgestellten Geräte.

■ Beispiel 7: Wartungsarbeiten

■ Situation

Frau Wiesenthal wurde von ihrem deutschen Unternehmen schon vor einigen Jahren nach China entsandt. Zu ihren Aufgaben gehört es unter anderem, für die Einhaltung der für chinesische Verhältnisse recht hohen Qualitäts- und Sicherheitsstandards zu sorgen. Manchmal hat sie jedoch das Gefühl, mit ihren Anweisungen auf Unverständnis zu stoßen.

»Bei einer meiner routinemäßigen Rundgänge in unserem Werk fiel mir durch Zufall auf, dass die Lager an den Zentrifugen nicht wie vorgeschrieben gewechselt worden waren. Dieser Wechsel muss, so die Vorgabe in unserem Unternehmen, regelmäßig vorgenommen werden, auch wenn die Lager noch nicht schadhaft sind. Es ist einfach eine Frage der Sicherheit, denn ein Lagerdefekt bei laufender Zentrifuge kann ein erhebliches Risiko für die Arbeiter bedeuten. Ich wies also den chinesischen Ingenieur, der für den Betrieb der Zentrifugen verantwortlich war, an, umgehend die Lager auszutauschen.

Als ich eine Woche später wieder in diesem Werk war, stellte ich zu meiner Verwunderung fest, dass nichts geschehen war. Ich stellte den Ingenieur zur Rede, doch dieser schien meine Aufregung gar nicht zu verstehen. Erst als ich Arbeiter anwies, den Betrieb der Zentrifugen sofort einzustellen, schien er zu verstehen. Leise über ›diese Ausländer‹ schimpfend, machte er sich mit seinen Arbeitern an den Wechsel der Lager.«

Warum hat der chinesische Ingenieur die Anweisung seiner deutschen Vorgesetzten nicht gleich umgesetzt? Warum reagierte er auch auf die erneute Anweisung mit Unverständnis?

– Lesen Sie nun die Antwortalternativen nacheinander durch.
– Bestimmen Sie den Erklärungswert jeder Antwortalternative für die gegebene Situation und kreuzen Sie ihn auf der darunter befindlichen Skala entsprechend an. Es ist möglich, dass mehrere Antwortalternativen den gleichen Erklärungswert besitzen.

Deutungen

a) Der chinesische Ingenieur wusste nicht, dass von einem defekten Lager ein Sicherheitsrisiko ausgehen kann. Deshalb hat er auch die Notwendigkeit für diese aufwändigen Arbeiten nicht nachvollziehen können.

sehr zutreffend	eher zutreffend	eher nicht zutreffend	nicht zutreffend

b) Der chinesische Ingenieur reagiert mit Trotz, da er die Anweisungen einer Frau nicht akzeptieren will. Gerade in technischen Berufen führt das in China immer noch dominierende Verständnis getrennter Geschlechterrollen häufig zu Schwierigkeiten. Frauen wird der nötige technische Sachverstand nicht zugetraut.

sehr zutreffend	eher zutreffend	eher nicht zutreffend	nicht zutreffend

c) Der chinesische Ingenieur empfand es als Verschwendung, neue Lager einzusetzen, so lange die alten noch keine deutlichen Anzeichen für einen Verschleiß zeigen. Ein vorsorgliches Austauschen aus Sicherheitsgründen, wie es in Deutschland üblich ist, erscheint dem chinesischen Ingenieur überflüssig und sowohl Verschwendung von teuren Ersatzteilen als auch Arbeitszeit.

sehr zutreffend	eher zutreffend	eher nicht zutreffend	nicht zutreffend

d) In chinesischen Betrieben wie diesem wird häufig zu extremen Billigpreisen produziert. Um dem gerade auch in China immer größer werdenden Konkurrenzdruck standhalten zu können, versucht man zu sparen, wo es nur möglich ist. Der Austausch eines noch funktionierenden Teils wäre, auch unter Berücksichtigung des Produktionsausfalls, unprofitabel. Das Argument, die Sicherheit der Arbeiter ginge vor, stößt in China leider immer noch auf taube Ohren.

sehr zutreffend	eher zutreffend	eher nicht zutreffend	nicht zutreffend

- Versuchen Sie, Ihre Einstufung jeder Antwortalternative zu begründen. Halten Sie die Begründung in schriftlicher Form stichpunktartig fest.
- Lesen Sie nun die Erläuterungen zu jeder Antwortalternative und vergleichen diese mit Ihren eigenen Begründungen.

■ Bedeutungen

Erläuterung zu a):
Diese Antwort ist kaum wahrscheinlich. Es ist davon auszugehen, dass der chinesische Ingenieur sehr wohl fachkundig genug ist, um das Risiko eines plötzlich blockierenden Lagers zu kennen. Es geht hier weniger um Unkenntnis als um die unterschiedliche Einschätzung des Risikos.

Erläuterung zu b):
Auch wenn in China klassisch-patriarchalische Rollenmuster noch weit verbreitet sind, so scheint dies in der geschilderten Situation

nicht der Grund für das Verhalten des chinesischen Ingenieurs zu sein. Zum einen sind auch in China Frauen, die Karriere machen und als Vorgesetzte auftreten, immer häufiger, zum anderen stärkt der Status als ausländische Expertin, die vom Mutterkonzert mit den Aufgaben betraut wurde, die Position von Frau Wiesenthal. Wahrscheinlicher ist es, dass – unabhängig vom Rollenverständnis – die Art und Weise, wie Frau Wiesenthal ihre Anweisungen gegeben hat, nicht die Geschickteste war. Dies erklärt allerdings auch nicht das offensichtliche Unverständnis der Anweisung gegenüber.

Erläuterung zu c):
Dies ist die wahrscheinlichste Erklärung. Der Ingenieur sieht nicht ein, wieso man neue Lager einsetzen soll, wenn die alten noch keine Anzeichen für Verschleiß zeigen. Da eine weitere Verwendung der alten Lager keine direkte Auswirkung auf die Qualität der Produktion hat, lässt sich die Notwendigkeit eines Austauschs für den chinesischen Ingenieur schwer in einem Satz verständlich machen. Sicherheitsstandards, wie sie in Deutschland üblich sind, erscheinen Chinesen häufig als übertrieben und bedürfen daher einer ausführlicheren Erläuterung, zumal regelmäßige Schulungen in diesem Bereich selten stattfinden.

Erläuterung zu d):
Sicherlich ist es richtig, dass chinesische Produktionsbetriebe unter einem enormen Konkurrenzdruck stehen. Zu glauben, dass in der hier geschilderten Situation die Sicherheit der Arbeiter aus reiner Profitgier missachtet wird, wäre allerdings nicht weit genug gedacht. Es handelt sich vielmehr um eine unterschiedliche Einschätzung des Risikos. Da von der weiteren Verwendung des alten Lagers keine direkte Gefahr ausgeht und man in China gewohnt ist, dass Ersatzteile mitunter schwer oder nur zu sehr hohen Preisen zu beschaffen sind, erscheint es dem chinesischen Ingenieur schlicht als das Beste, die Lager so lange zu verwenden, bis sie eindeutige Anzeichen für Verschleiß erkennen lassen.

- Beantworten Sie für sich folgende Frage: Wie würden Sie sich in einer vergleichbaren Situation verhalten?

– Halten Sie Ihre Überlegungen stichpunktartig in schriftlicher Form fest.

■ Lösungsstrategie

In einer Mangelwirtschaft, wie es die chinesische zumindest bis vor kurzem war, lernt man, mit noch tauglichem Arbeitsmaterial so lange zu arbeiten, wie es eben geht, weil neues Material entweder nicht verfügbar oder nur schwer zu bekommen ist.

Wünschenswert und sicherlich am erfolgversprechendsten wären Schulungen, um ein Verständnis für höhere Qualitäts- und Sicherheitsstandards zu erreichen. Dies scheitert aber häufig an Zeit- und Geldknappheit. In jedem Fall hätte Frau Wiesenthal das Problem geschickter angehen können. Ihr recht autoritäres und drastisches Eingreifen in der geschilderten Situation wird wahrscheinlich allenfalls kurzfristig die gewünschten Effekte zeigen und nicht zu einem generellen Umdenken und einem Verständnis für die von ihr geforderten Standards führen. Vor allem das Übergehen des chinesischen Ingenieurs durch die direkte Anweisung an die Arbeiter, die Zentrifugen stillzulegen, wird von diesem wahrscheinlich als beleidigend und anmaßend betrachtet werden.

In jedem Falle hätte es sich für Frau Wiesenthal angeboten, ein ausführliches Gespräch mit dem chinesischen Ingenieur zu suchen, in dem sie ihn über den Sinn und die Bedeutung der von ihr angewiesenen Arbeiten informiert. In einem solchen Rahmen hätten auch die ökonomischen Bedenken des Ingenieurs ausgeräumt werden können, in dem man ihn damit vertraut gemacht hätte, dass Sicherheit in jedem Fall vor Profit geht. Sie hätte aber auch dabei darauf achten müssen, dem chinesischen Ingenieur nicht durch zu drängendes Hinweisen auf sein Fehlverhalten sein Gesicht zu nehmen.

Deutlich wird an dieser Situation, dass nicht jedes Verhalten, das Ihnen in China häufig begegnet und daher als typisch chinesisch erscheint, seine Wurzeln in der Kultur hat. Oft entstehen solche Situationen aufgrund unterschiedlicher Standards, die nicht spezifisch chinesisch sind, sondern bedingt durch die ökonomische, soziale oder politische Umwelt.

Das heißt dann aber nicht, dass Maßnahmen, die getroffen werden sollen, um diese Umstände zu verändern, nicht den kulturellen Gewohnheiten angepasst werden müssen. Ein Teamtraining in China mit denselben Methoden durchzuführen wie in Deutschland, wird ebenso sicher scheitern wie eine Werbekampagne, die nicht auf die besonderen Sehgewohnheiten und Vorlieben ihres Zielpublikums achtet.

Beispiel 8: Reparaturmethoden

Situation

Ein deutscher Ingenieur berichtet aus China: »Bei einem Gabelstapler mussten wir letztens ein kaputtes Rad reparieren. Dieses Rad ist an einer Schwinge gelagert, die man dafür lösen und nach hinten klappen muss, um an die inneren Räder heranzukommen. Die chinesischen Mitarbeiter haben dafür das ganze Rad abmontiert und insgesamt mehr als zwei Stunden gebraucht. Daraufhin habe ich ihnen gezeigt, wie sie es wesentlich einfacher und schneller in einer halben Stunde reparieren können. Eine Woche später habe ich es ihnen noch mal gezeigt und erklärt. Nach weiteren vier Wochen komme ich zufällig erneut in die Montagehalle und sehe zu meinem Entsetzen, dass sie wieder das Rad abmontieren, obwohl ich es ihnen nun doch schon so oft erklärt und gezeigt habe. Wieso machen sie es nicht nach der einfacheren und effektiveren Methode? Womit ist dieses Verhalten zu erklären?«

- Lesen Sie nun die Antwortalternativen nacheinander durch.
- Bestimmen Sie den Erklärungswert jeder Antwortalternative für die gegebene Situation und kreuzen Sie ihn auf der darunter befindlichen Skala entsprechend an. Es ist möglich, dass mehrere Antwortalternativen den gleichen Erklärungswert besitzen.

Deutungen

a) Die chinesischen Arbeiter akzeptieren zwar die Tatsache, dass der deutsche Ingenieur eine andere Methode bevorzugt, sie sind jedoch weiterhin von ihrer eigenen Methode überzeugt, da sie ihnen einleuchtender erscheint. Zeitersparnis ist für sie kein Grund, den in ihren Augen vernünftigen Arbeitsgang zu ändern.

sehr zutreffend	eher zutreffend	eher nicht zutreffend	nicht zutreffend

b) Die Chinesen sind verärgert, dass man ihre Methode als minderwertig und umständlich entlarvt hat, und stellen sich deshalb stur. Schließlich kommen sie auf ihre Weise ebenso zum Ziel.

sehr zutreffend	eher zutreffend	eher nicht zutreffend	nicht zutreffend

c) Die Chinesen sind so sehr von sich eingenommen, dass sie den gut gemeinten und augenscheinlich wertvollen Ratschlag des deutschen Kollegen nicht zur Kenntnis nehmen wollen.

sehr zutreffend	eher zutreffend	eher nicht zutreffend	nicht zutreffend

d) Die alte Methode hat sich bewährt und ist sicherer, man weiß, dass man das Rad wieder zum Laufen bringt, und spart sich die Experimente mit einer neuen Methode, von der man nicht weiß, ob man damit zum Ziel kommen wird. Eine gewisse Scheu dem Ausländer gegenüber bereitet zusätzliche Schwierigkeiten, Ratschläge von ihm anzunehmen beziehungsweise im Fall des Scheiterns diesen um weiteren Rat fragen zu müssen.

sehr zutreffend	eher zutreffend	eher nicht zutreffend	nicht zutreffend

- Versuchen Sie, Ihre Einstufung jeder Antwortalternative zu begründen. Halten Sie die Begründung in schriftlicher Form stichpunktartig fest.
- Lesen Sie nun die Erläuterungen zu jeder Antwortalternative und vergleichen diese mit Ihren eigenen Begründungen.

Bedeutungen

Erläuterung zu a):
Zu akzeptieren, dass der Vorgesetzte, auch wenn es ein ausländischer Ingenieur ist, seine eigenen Methoden hat, ans Ziel zu kommen, reicht wohl nicht aus, um ein erfolgreich arbeitendes Unternehmen zu werden. Bei aller Geringschätzung von Effektivität und Zeit, wie es die Arbeiter aus Zeiten des Wirtschaftens im Staatsbetrieb kennen mögen, kann der Ingenieur nicht dulden, dass jeder seine Arbeit nach Gutdünken erledigt. Dass eine derartige Arbeitsmoral vorherrscht, sollte ihm zu denken geben, jedoch wäre es sicher voreilig, die Arbeiter als faul oder desinteressiert zu verurteilen. Die Gründe für ihre Arbeitshaltung liegen tiefer, mit schlichten Ermahnungen oder bloßem Aufzeigen von Alternativen ist es offensichtlich nicht getan.

Erläuterung zu b):
Chinesen sind im Unterschied zu Deutschen schnell gekränkt, wenn jemand, gar ein Ausländer, sie in abrupter Form auf einen Fehler aufmerksam macht und sie damit vor anderen bloßstellt. Vorausgesetzt, der Ingenieur hat die Reparaturmethode in einer Art und Weise vorgeführt, dass sich der eine oder andere in seinem Stolz verletzt fühlte, dann könnte die Reaktion (aufgrund der Solidarisierung der ganzen Gruppe) durchaus darin bestehen, dass sie trotzig ihre Methode weiter pflegen nach dem Motto »jetzt erst recht!« und dass sie sich so getroffen fühlen, dass Ratschläge nicht mehr angenommen werden können. Andererseits ist den chinesischen Arbeitern sicher auch klar, dass der deutsche Ingenieur über mehr technisches Wissen und mehr technische Fertigkeiten verfügt als sie, und als ihrem Vorgesetzten haben sie

seinen Anweisungen Folge zu leisten. Sie kennen sicher auch die allgemeine politische Parole »Vom Ausland lernen«!

Erläuterung zu c):
Diese Antwort stimmt sicher nicht, wenn auch das nationale Selbstbewusstsein der Chinesen recht ausgeprägt ist, staatlicherseits sehr betont wird und gegenüber Ausländern, vor allem aus den ehemaligen Kolonialstaaten, deutlich hervorgehoben wird. Hier handelt es sich aber um eine hierarchische Arbeitsbeziehung und die Arbeiter sind weisungsgebunden. Die Ratschläge des Ingenieurs sind ja kein privater Zeitvertreib mit bloßem Unterhaltungswert.

Erläuterung zu d):
Weiterhin die alte Methode anzuwenden, stellt das geringere Risiko dar. In der langen Zeit der sozialistischen Planwirtschaft ist die Bedeutung von Effektivität und ökonomischem Denken, wie sie in den westlichen Leistungsgesellschaften üblich ist, unbekannt und mitunter gar verdächtig. Wenn der deutsche Ingenieur seine Ratschläge im Vorübergehen fallen lässt oder mal eben zeigt, wie man's macht, wird er damit kaum eine Änderung der bewährten chinesischen Methoden erreichen. Nicht nur der mangelnde Sinn fürs immer schnellere und bessere Arbeiten, sondern vor allem der dem Deutschen mangelnde Sinn für die richtige Art und Weise, mit den Arbeitern umzugehen, dürfte der Anwendung der neuen Methode im Weg stehen. Grundlage dafür mag eine in der Antwortalternative gegebene allgemeine Scheu Ausländern gegenüber sein. Es liegt jedoch auch in der Macht des Ausländers, gegen diese Scheu oder Distanz etwas zu unternehmen. Die bloße sachlich-technische Einweisung in ein neues Verfahren wird dabei keine menschliche Brücke bauen. Hier muss die Effektivität einen Moment zurückstecken. Hier muss mehr auf die persönlichen Erfahrungen und Bedürfnisse der Arbeiter als Menschen einer uns fernen Kultur geachtet werden (wobei unsere ihnen ebenso fern ist und ebensoviel Vermittlung braucht). Erst wenn diese Voraussetzungen geschaffen sind, kann die Scheu und Distanz abgebaut werden, können

Ratschläge leichter angenommen werden, auch wenn ihre Umsetzung in einem ersten Versuch scheitern sollte und weitere Nachfragen nötig sind. Unter der Annahme, dass der Ingenieur seine Erklärungen in dieser sachlichen Art vermittelt hat, ist es durchaus möglich, dass sie noch immer nicht verstanden worden sind. Dies zuzugeben, hätte einen massiven, kollektiven Gesichtsverlust bedeutet.

Die Einstellung, Ausländern gegenüber sei Misstrauen generell angebracht, ist in China (wie auch in Deutschland!) durchaus verbreitet. Eine Einstellung, die Jahrtausende lang richtig war, kann nicht von heute auf morgen falsch sein. Die traditionell als Barbaren verachteten Ausländer hatten Anfang des 20. Jahrhunderts China einen Schock versetzt, indem sie durch ihre technische und militärische Überlegenheit das »Reich der Mitte« unterwarfen und die Chinesen in eine Identitätskrise stürzten, unter der sie noch heute leiden. Noch immer werden politische Kampagnen gestartet, in denen (auch) die Ausländer diffamiert werden. Beispiele dafür sind die Ereignisse vom Juni 1989, die Themen »Aids« und »Prostitution«. Dieses Misstrauen gegenüber Ausländern ist für einfache Arbeiter in einem Land ohne Pressefreiheit kaum zu überwinden und wird in manchen Reaktionen mitschwingen. Wie weit es in dieser Situation für die Verweigerung der Annahme der neuen Reparaturweise mitverantwortlich war, lässt sich nicht bestimmen.

- Beantworten Sie für sich folgende Frage: Wie würden Sie sich in einer vergleichbaren Situation verhalten?
- Halten Sie Ihre Überlegungen stichpunktartig in schriftlicher Form fest.

■ Lösungsstrategie

Wenn Sie ein derartiges Problem schnell lösen wollen, sollten Sie einen versierten chinesischen Mitarbeiter einsetzen, der die neue Methode erklären kann und sie offiziell als neuen Standard etabliert. Damit sind gleich mehrere Vorteile verbunden:

1. Er hat kein Sprachproblem. Ein Dolmetscher oder die Verwendung der nur mittelmäßig beherrschten Fremdsprache entfallen.
2. Die besagte Scheu, Distanz oder gar Misstrauen gegenüber Ausländern entfallen. Der chinesische Mitarbeiter wird also geringere Akzeptanzprobleme haben als ein Ausländer. Die Herstellung einer halbwegs vertrauensvollen Basis zwischen einem unter hohem Arbeitsdruck stehenden teuren deutschen Expatriate und chinesischen Arbeitern ist für beide Seiten nicht gerade einfach.
3. Er kennt wahrscheinlich die alten Arbeitsweisen besser und kann so eher erkennen, wo Probleme mit der neuen Methode liegen könnten.

In solchen Situationen sollten Sie sich äußerst sensibel dafür machen, ob Sie durch Ihr Verhalten nicht das Gesicht des Partners verletzen, wie dies in den Erläuterungen zu b) diskutiert wird. Umgekehrt würde allein schon die Befassung mit dem Problem und die weitere Arbeitssituation eine persönlichere Zuwendung bedeuten, Gesicht geben und als Folge davon das Annehmen von Ratschlägen und ein gemeinsames Erproben erleichtern.

Handelt es sich um größere Maßnahmen als die Reparatur eines Gabelstaplerrads, und es steht Ihnen kein derart vertrauensvoller chinesischer Mitarbeiter zur Verfügung, sollten Neuerungen durch regelrechte Trainings oder Schulungen und nicht durch einfaches Erklären und Demonstrieren eingeführt werden. Die verbindliche Form der Maßnahme und ein leicht herzustellender Kontakt zu den Einzelnen unterstützen den Lerntransfer entscheidend.

Dabei sollten Sie darauf achten, keinen Einzelnen aus dem Team oder der Gruppe bloßzustellen, etwa dadurch, dass er vor eine Aufgabe gestellt wird, die er nicht ohne weiteres bewältigen kann. Er wird sich dem Spott und der Schadenfreude seiner Kollegen ausgeliefert sehen und diese Erniedrigung nicht so schnell vergessen.

Allgemein sollten Sie bei eher theoretischen Schulungen darauf achten, dass die Mitarbeiter die Inhalte wirklich verstanden haben und damit umgehen können. Den Grad erworbener Fertigkeiten sollten Sie nicht durch Abfragen – »Haben Sie verstanden, wie es funktioniert?« – erkunden, da Sie immer nur ein »Ja« zu hören bekommen werden, sondern durch Beobachtung des Arbeitsverhalten vor Ort und durch die Begutachtung von Arbeitsproben.

■ Kulturelle Verankerung von »Gesicht wahren«

Das Konzept des »Gesicht wahren« bedeutet generell, Peinlichkeiten im sozialen Umgang zu vermeiden. Es ist in sofern eng mit der Etikette verbunden, da durch ihre rechte Anwendung und Ausübung das Gesicht gewahrt bleibt oder, im negativen Fall, verloren geht. Das »Gesicht wahren « ist eines der ältesten Konzepte der Eigenwahrnehmung und Selbstdefinition im sozialen Umgang und im moralischen Verhalten der Chinesen.

In einem wichtigen Gedichtwerk der konfuzianischen Klassiker aus dem 2. Jahrhundert v. d. Z. (Zuozhuan), das aus vielen Anekdoten für den rechten politischen und sozialen Umgang besteht, werden zahlreiche Beispiele für die Wahrung oder Wiederherstellung des Gesichts gegeben. Solche Geschichten dienen als prototypische Beispielfälle für verbindliche Verhaltensvorgaben. Die meisten Geschichten des Gesichtsverlusts enden mit einem Suizid als der letzten Möglichkeit, sein Gesicht für die Nachwelt zu wahren. Bezeichnend war in diesem Zusammenhang auch die übliche Praxis einer »milden« Bestrafung von Beamten, indem man diesen einen Seidenschal zukommen ließ, um ihnen die Möglichkeit zu geben, sich selbst damit aufzuhängen. Folgte der Beamte diesem Hinweis nicht, wurde er auf andere Weise exekutiert, verlor dabei aber sein Gesicht.

Das Gesicht bezeichnet die persönliche Integrität sowohl in moralischer Hinsicht (mit »lian« bezeichnet) als auch in Bezug auf die soziale Hierarchie (mit »mianzi« bezeichnet). Die Tatsache, dass es in der chinesischen Sprache für das »moralische Gesicht« und für das Gesicht in der sozialen Hierarchie gesonderte Ausdrücke gibt, liegt an der traditionellen, chinesischen Überzeugung, dass die Charakterzüge einer Person sich in ihren Gesichtszügen manifestieren und es möglich ist, persönliche Schicksale darin abzulesen.

Das Konzept des Gesichts steht traditionell für die Einhaltung aller moralischen Tugenden, die durch die Lehre des Konfuzius vorgegeben sind. Hierzu gehören Werte wie Loyalität, Einhaltung der Hierarchie oder Pietät. Übertritt jemand bewusst die moralischen Normen oder lehnt diese offen ab, so spricht man davon, dass diese Person »kein Gesicht will«, was einem Ausschluss aus der sozialen Gemeinschaft und damit der Definition als Nicht-Person gleichkommt.

Der Begriff »Gesicht« bezieht sich aber keineswegs ausschließlich auf einzelne Personen, sondern kann auf ganze Gruppen angewandt werden. Primär ist hier »das Gesicht der Familie« zu nennen, das unter allen Umständen gewahrt werden muss, da sich ein solcher Verlust bis zu den verstorbenen Ahnen übertragen und damit die Geister beunruhigen kann. Darüber hinaus kann sich das Gesicht-Konzept auf die Arbeitseinheit, die Stadt, in der man wohnt, die kommunistische Partei oder das ganze Land China beziehen.

Gerade im Kontakt mit dem Ausland ist das Gesicht-Konzept in China von besonderer Bedeutung, da die Chinesen besonders stolz auf ihre Nation und Kultur. Die gewaltsame Öffnung Chinas durch das imperialistische Ausland zu Anfang des 20. Jahrhunderts wurde von den Chinesen als schwerer Gesichtsverlust empfunden, was wesentlich schlimmer war, als die ökonomischen und politischen Konsequenzen dieses Einbruchs. Dieser Schock wirkt auch heute noch im Umgang mit Ausländern nach. Die Intellektuellen in China beschäftigt nach wie vor die Frage, wie China sich aus seiner Rückständigkeit befreien kann und warum und wie der Westen seine unübersehbare Überlegenheit gegenüber China, einem Land mit einer mehr als tausendjährigen Kultur, erreicht hat.

Die praktische Anwendung des Gesicht-Konzepts umfasst sehr verschiedene Aspekte und ist für das zwischenmenschliche Zusammenleben von allergrößter Bedeutung. Man kann ein Gesicht verlieren, wahren, retten, sich oder anderen geben oder rauben oder es wiederherstellen, wozu jeweils konkrete Handlungsschritte notwendig sind. Sich oder anderen Gesicht zu geben, kann auch als Methode oder Druckmittel im sozialen Beziehungsgefüge angewandt werden, um den eigenen Status sicherzustellen. Man kann auf diese Weise den Partner höflich zu Gegenleistungen veranlassen, zu denen er gezwungen ist, um nicht sein eigenes Gesicht zu verlieren.

O.k?
是
yes.
是
?
?
?
Plannerer

Themenbereich 4: Soziale Harmonie

Beispiel 9: Computertraining

Situation

Seit einiger Zeit führt der gelernte Informatiker Herr Mischke firmeninterne Computertrainings in China durch. Aus Deutschland brachte er kaum eigene Schulungserfahrungen mit. Mit den chinesischen Trainees hat er mehr Probleme, als ihm lieb ist.

»Durch meine vorwiegende Tätigkeit im Bereich der Softwareimplementation führe ich auch Computertrainings in China durch. Inzwischen frage ich immer schon nach den kleinsten Teilschritten, ob die Teilnehmer auch alles verstanden haben, damit ich im Stoff weitergehen kann. Darauf sagen sie alle ja oder nicken oder schauen ausdruckslos in die Gegend. Aus den Gesichtern kann ich kaum ablesen, ob sie mir folgen können. Es ist inzwischen einfach ein Erfahrungswert, dass zwar alle ja sagen, aber, wenn überhaupt, nur einige wenige wirklich alles verstanden haben. Stelle ich nämlich eine spezielle Frage, gibt mir oft niemand eine Antwort. Ich bin mir dann nicht einmal sicher, dass diejenigen, von denen ich glaube, dass sie verstanden haben, mir eine ehrliche Antwort geben oder sich hinter dem Rest der Gruppe verstecken und sich aus Solidarität oder sonst etwas unwissend oder unbeteiligt stellen.«

Warum geben die chinesischen Trainees nicht zu, dass sie etwas nicht verstanden haben?

– Lesen Sie nun die Antwortalternativen nacheinander durch.

- Bestimmen Sie den Erklärungswert jeder Antwortalternative für die gegebene Situation und kreuzen Sie ihn auf der darunter befindlichen Skala entsprechend an. Es ist möglich, dass mehrere Antwortalternativen den gleichen Erklärungswert besitzen.

Deutungen

a) Die chinesischen Trainees wollen dem Schulungsleiter gegenüber ihr Unverständnis aus Angst vor Sanktionen oder Nachteilen nicht eingestehen.

sehr zutreffend	eher zutreffend	eher nicht zutreffend	nicht zutreffend

b) Die Trainees sagen »ja«, weil ein »Nein« unhöflich wäre, eine Schwäche bedeuten und obendrein eine Kritik am Schulungsleiter beinhalten würde.

sehr zutreffend	eher zutreffend	eher nicht zutreffend	nicht zutreffend

c) Die Trainees sagen auf die Frage des Leiters, ob sie den Stoff verstanden haben, »ja«, weil ihn das freuen wird und er keine Nachfragen mehr stellen und sie auch nicht kritisieren wird.

sehr zutreffend	eher zutreffend	eher nicht zutreffend	nicht zutreffend

d) Die Trainees sagen einfach, sie hätten alles verstanden, weil sie eine Wiederholung des Unterrichtsstoffs langweilig finden.

sehr zutreffend	eher zutreffend	eher nicht zutreffend	nicht zutreffend

- Versuchen Sie, Ihre Einstufung jeder Antwortalternative zu begründen. Halten Sie die Begründung in schriftlicher Form stichpunktartig fest.

– Lesen Sie nun die Erläuterungen zu jeder Antwortalternative und vergleichen diese mit Ihren eigenen Begründungen.

■ Bedeutungen

Erläuterung zu a):

Diese Vermutung ist sicher nicht ganz von der Hand zu weisen. Wenn auch der deutsche Schulungsleiter den chinesischen Trainees keine Angst vor Sanktionen oder Benachteiligungen machen will, so wird er nicht vermeiden können, dass die Trainees befürchten, aufgrund gezeigter »Dummheit« bei der späteren Weiterbeschäftigung oder Beförderung benachteiligt zu werden. Sie werden daher ihr Nichtverstehen zu verschweigen oder zu verleugnen versuchen. Diese Gefahr ist umso ernster, da die meisten Chinesen in der Schule und sogar in der Universität immer wieder, und das noch weit stärker als es in Deutschland üblich ist, von Erfahrungen mit negativen Folgen von Sanktionen geprägt sind. Es hängt daher viel vom pädagogischen Geschick des Lehrers ab, inwieweit es ihm gelingt, eine kooperative und vertrauensvolle Lernatmosphäre herzustellen. Es gibt aber noch einen weiteren Grund dafür, dass Herr Mischke mit seinen Bemühungen so wenig Erfolg hat (siehe Antwortalternative b).

Erläuterung zu b):

»Nein« zu sagen in einer solchen Situation ist in China fast undenkbar. Das wäre dem Lehrer gegenüber eine grobe Unhöflichkeit, denn es würde automatisch eine Kritik ausgedrückt. Nachfragen würden bedeuten, dass er nicht in der Lage war, den Stoff so zu vermitteln, dass die Trainees/Schüler ihn verstehen konnten. Da der Lehrer in China ein besonders hohes Ansehen genießt, das nicht nur seiner Rolle und Funktion als Lehrer, sondern seiner Person insgesamt anhaftet, ist ein Umlernen äußerst schwierig und sicher nicht innerhalb eines Schulungskurses in wenigen Tagen zu bewerkstelligen. Hierbei kommt noch hinzu, dass chinesische Schüler und Studenten Frontalunterricht gewohnt sind und nicht kooperatives Lernen und Entdecken im Unterricht.

Vielleicht bemerkten die Trainees sogar die tatsächlichen pädagogischen Schwächen und Mängel Herrn Mischkes. Durch das Signalisieren von Unverständnis würden diese Mängel aber offen gelegt, ohne dass dies bei nachfolgenden Erklärungen weiterhelfen würde. Schließlich ist die Harmonie und damit die gesamte Zusammenarbeit gefährdet.

Dass auch diejenigen, von denen Herr Mischke glaubt, sie hätten seinen Ausführungen folgen können, ihm keine Rückmeldungen geben, stützt die Vermutung, dass sie sich mit den Schwächeren oder dem überwiegenden Teil der Gruppe solidarisieren, um diese nicht bloßzustellen, sich selbst nicht hervorzuheben und die Harmonie innerhalb ihrer Gruppe nicht zu stören.

Schließlich bedeutet ein »Nein« natürlich eine Schwäche, die man – auch bei uns – ungern eingesteht, weil das einen Gesichtsverlust darstellt.

Erläuterung zu c):
Diese Antwort hat durchaus ihre Berechtigung. Ein »Ja, alles verstanden« freut den Lehrer, vorausgesetzt es stimmt. Wenn sich Herr Mischke von diesem »Ja« allerdings verleiten lassen sollte, keine Nachfragen zu stellen, sondern im Stoff fortzufahren, wird die vorübergehend durch das »Ja« aufrechterhaltene Freude bald in Enttäuschung auf allen Seiten umschlagen. Herr Mischke hat in seiner Schilderung nicht von Kritik gesprochen, aber es ist immerhin denkbar, dass er durch Kritik einzelner Trainees oder der Traineegruppe insgesamt Rückmeldungen wie »nicht ganz verstanden« erheblich erschwert hat. Denn nicht nur der Umgang der Schüler mit dem Lehrer, auch der des Lehrers mit den Schülern ist in China anders als in Deutschland. Eine hilfreich und unterstützend gemeinte kritische Analyse der Leistung eines Einzelnen vor der gesamten Klasse kann ausreichen, um jede weitere Bereitschaft zu derartiger Mitarbeit im Keim zu ersticken.

Erläuterung zu d):
Diese Antwort ist sicher falsch. Gerade in China sind Wiederholungen ein wichtiges Unterrichtsmittel. Schon die chinesischen Schriftzeichen lassen sich nur erlernen, indem man sie immer

wieder in der vorgeschriebenen Weise niederschreibt. Das chinesische Unterrichtssystem ist traditionell darauf ausgerichtet, den Schüler zu wortgetreuen Wiederholungen des vom Lehrer Vorgetragenen anzuhalten. Einen abwechslungsreichen Unterricht durch die Einführung neuer Themen und didaktischer Methoden zu organisieren, hat im chinesischen Lehr-Lern-System keine Tradition.

Herr Mischke hat eher mit zu wenig Wiederholungen gearbeitet, sonst wäre ein gewisses Grundverständnis, allein schon durch das automatische Wiederholen von Routinen, wie sie beim Umgang mit Software eher häufig sind, entstanden.

- Beantworten Sie für sich folgende Frage: Wie würden Sie sich in einer vergleichbaren Situation verhalten?
- Halten Sie Ihre Überlegungen stichpunktartig in schriftlicher Form fest.

■ Lösungsstrategie

Da chinesische Studenten ihrem Lehrer gegenüber nicht zugeben können und möchten, dass sie etwas nicht verstanden haben, bleibt dem deutschen Lehrer nur übrig, auf indirektem Weg herauszufinden, ob die Schüler das Vorgetragene verstanden haben oder nicht. Dazu müsste Herr Mischke beispielsweise seine Nachfragen etwas differenzierter stellen, nicht nur nach »ja« oder »nein« fragen. Er könnte Textaufgaben stellen oder Arbeitsproben durchführen lassen, entweder während der Unterrichtszeit oder als Aufgabe für einen späteren Termin. Dabei müsste das Ziel nicht so sehr das Prüfen des Leistungstandes des Einzelnen sein; vielmehr könnte die Kompetenz derjenigen, die schneller aufnehmen, in geeigneten Arbeitssituationen wie etwa kleinen Arbeitsgruppen genutzt werden, um die Schwächeren oder diejenigen, die mit dem Lehrstil größere Schwierigkeiten haben, zu unterstützen.

Wenn auch in China der Frontalunterricht bis in die Universitäten hinein die fast ausschließliche Unterrichtsmethode ist, so sind die Studenten oder Trainees dennoch im Allgemeinen Neuem gegenüber aufgeschlossen. Es bedarf allerdings ein wenig Geduld und eines behutsamen Vorgehens, bevor Gruppendiskussionen, Arbeiten mit Flip Chart, MetaPlan, Video oder Ähnliches akzeptiert werden.

Hilfreich in Herrn Mischkes Situation wäre sicher auch eine feste Zeitspanne, in der er außerhalb des eigentlichen Unterrichts für die Trainees ansprechbar ist. Oft werden in diesem inoffizielleren Rahmen Schwierigkeiten mit der Materie angesprochen, die sonst nicht zur Sprache kommen.

Und vielleicht ist es schon hilfreich, an die drei möglichen Bedeutungen des »Ja« in China zu denken: »Ja, ich habe gehört«, »Ja, ich habe verstanden«, »Ja, ich stimme zu«. Was tatsächlich zutrifft, kann nur aus dem Kontext, in dem die Interaktion stattfindet, erschlossen werden.«

■ Beispiel 10: Aircondition

■ Situation

Auf Baustellen geht immer etwas schief, egal ob in Deutschland, China oder sonst irgendwo. Herr Praunges behauptet von sich, gute Nerven zu haben; beim kürzlich abgeschlossenen Umbau der Büroräume seiner Repräsentanz glaubte er aber doch gelegentlich, an seinem Verstand zweifeln zu müssen.

»Die Renovierung unserer Büroräume war fast abgeschlossen, aber ich konnte in meinem Büro keinen Airconditioner erkennen. Also fragte ich einen Angestellten, einen Bauleiter oder so, der betreffenden Firma, warum der Airconditioner hier nicht eingebaut worden sei oder was es damit auf sich habe. Daraufhin erzählt der mir freundlich lächelnd, aber ohne es als Witz zu meinen, dass der Wasserhahn in der Toilette noch tropft und morgen, morgen würden sie das dann klären! Ich nickte und fragte noch mal, ob da nicht der Airconditioner eingebaut werden müsste. Nun erzählte er nichts vom tropfenden Wasserhahn, sondern meinte, dass nächste Woche das Treppengeländer gestrichen werde und dass dann auch das Problem beseitigt sein werde. Als ich dann noch mal wiederholte, dass mich jetzt nicht das Treppengeländer interessieren würde, sondern meine Aircondition, dass das gestrichene Geländer mein Büro auch nicht kühlen würde, merkte er langsam, dass ich mich nicht auf seine Ablenkungsmanöver einlassen würde. Es war klar, die hatten den Airconditioner glatt vergessen! Aber statt dass der Mensch sich entschuldigt hätte oder gesagt hätte, dass dieses Versehen morgen sofort behoben werden würde, wand er sich in aberwitzigen Ausflüchten, biss sich fast in die Unterlippe vor Lächeln und flüchtete schließlich mit einem Darum-Kümmern ... Am nächsten Tag hatten sie das dann gemacht, aber wie ...!«

Warum geht der chinesische Baustellenleiter nicht auf die Frage von Herrn Praunges ein?

- Lesen Sie nun die Antwortalternativen nacheinander durch.
- Bestimmen Sie den Erklärungswert jeder Antwortalternative für die gegebene Situation und kreuzen Sie ihn auf der darunter befindlichen Skala entsprechend an. Es ist möglich, dass mehrere Antwortalternativen den gleichen Erklärungswert besitzen.

Deutungen

a) Der Baustellenleiter versucht, mit den Ausflüchten von der Frage abzulenken, weil es sich bei dem fehlenden Airconditioner um ein peinliches Versäumnis handelt, das er schon selbst bemerkt hatte und um das er sich auch kümmern wird. Aber dazu braucht der Deutsche ihn doch jetzt nicht derartig bloßzustellen!

sehr zutreffend	eher zutreffend	eher nicht zutreffend	nicht zutreffend

b) Der chinesische Bauleiter hat Herrn Praunges nicht verstanden und versucht, ihm eine Antwort zu geben, indem er ihm die nächsten anstehenden Arbeiten erläutert.

sehr zutreffend	eher zutreffend	eher nicht zutreffend	nicht zutreffend

c) Der Chinese hält den Deutschen für einen arroganten Wichtigtuer, der sich wegen einer Lappalie wie diesem Airconditioner aufspielt und unverschämte Witze zu reißen versucht. Er lässt ihn durch seine sture Ignoranz abblitzen.

sehr zutreffend	eher zutreffend	eher nicht zutreffend	nicht zutreffend

d) Der Chinese versucht, durch die Antworten einen Konflikt zu vermeiden, bei dem durch Gesichtsverlust die Harmonie bedroht werden würde.

sehr zutreffend	eher zutreffend	eher nicht zutreffend	nicht zutreffend

- Versuchen Sie, Ihre Einstufung zu jeder Antwortalternative zu begründen. Halten Sie die Begründung in schriftlicher Form stichpunktartig fest.
- Lesen Sie nun die Erläuterungen zu jeder Antwortalternative und vergleichen diese mit Ihren eigenen Begründungen.

■ Bedeutungen

Erläuterung zu a):
In Deutschland wäre das genau die richtige Antwort. Für die Erklärung aus chinesischer Sicht fehlt aber noch etwas sehr Entscheidendes, was auch die Bewertung der Antworten als Ausflüchte relativiert. Es geht hier nicht mehr um das Vermeiden einer peinlichen Situation, die ist bereits da (um die Peinlichkeit zu mildern, wird gelächelt). Schlimmer als das Bloßstellen ist der durch die Wiederholung der Frage drohende Gesichtsverlust. Dieses sture Nachbohren und Beharren läuft allen Grundprinzipien chinesischer Kommunikation zuwider. Der ironische Witz

mit dem nicht kühlenden Treppengeländer ist eine glatte Beleidigung, hier kann von Humor aus chinesischer Sicht nicht die Rede sein (vgl. Kap. zu Humor). Und all das, obwohl der Baustellenleiter so geschickt mit dem Wasserhahn, um den man sich morgen kümmern werde, darauf hingewiesen hat, dass er verstanden habe, wo das Problem liegt. Aber auch den zweiten Hinweis, dass man das Problem dann morgen abgeschlossen haben werde, versteht Herr Praunges nicht. Die Antworten sind durchaus Antworten und nicht dumme Ausflüchte, nur müssen sie erst umständlich entschlüsselt werden, was Herrn Praunges nicht gelingt.

Erläuterung zu b):
Mit Nichtverstehen hat das aller Wahrscheinlichkeit nach gar nichts zu tun. Wer so viel zum Abschluss von Arbeiten am Treppengeländer und tropfenden Wasserhähnen sagen kann, der versteht auch »Aircondition«.

Erläuterung zu c):
Nein, das ist sicher falsch, auch wenn es nach unseren Sprachkonventionen ein Paradebeispiel für »Auflaufenlassen« oder sture Ignoranz darstellen würde. Zwar halten Chinesen westliche Ausländer mitunter für Wichtigtuer – und mancher führt sich auch so auf, wie Herr Praunges durch sein penetrantes Nachbohren und seinen schlecht platzierten ironischen Scherz. In diesem Fall ist aber der Anlass der Auseinandersetzung der fehlende Airconditioner, der durchaus keine Lappalie darstellt und ein solches Verhalten nicht rechtfertigen würde.

Erläuterung zu d):
Auseinandersetzungen, Streitgespräche, sachlich-argumentativer Schlagabtausch, klärende Gespräche, Richtigstellungen und dergleichen, das sind Gesprächsformen, die in China nicht gerade populär sind oder zum guten Umgangston gehören. Allein die deutsche Wortprägung »sich auseinander setzen« sieht immer nur Ausflüchte. Das unsensible Verhalten trägt natürlich nicht gerade zum Gesichtgewinn für ihn bei; schwerer wiegt jedoch, dass er ernsthaft versucht, das Gesicht des chinesischen Baustellenlei-

ters zu verletzen, eigentlich nur, um von diesem zu hören zu bekommen, dass er Recht hat, der Chinese im Unrecht ist und eine große Dummheit begangen hat. Der Airconditioner ist deshalb aber noch nicht eingebaut.

- Beantworten Sie für sich folgende Frage: Wie würden Sie sich in einer vergleichbaren Situation verhalten?
- Halten Sie Ihre Überlegungen stichpunktartig in schriftlicher Form fest.

■ Lösungsstrategie

Nach chinesischer Ordnungsvorstellung steht es einem Untergebenen nicht zu, dem Vorgesetzten zu widersprechen. Ein Widerwort würde bereits als ein Verstoß gegen das Hierarchie- und Höflichkeitsprinzip gelten. Die ausweichenden Antworten und das Umschwenken auf andere Themen signalisieren, dass hier eine Situation vorliegt, die für den Kritisierten einen Gesichtsverlust zur Folge haben kann und die Harmonie stören würde. Wenn dem Kritikübenden daran gelegen ist, mit diesem Mitarbeiter auch weiterhin kooperieren zu können, sollte er tunlichst darauf achten, das sinnlose Nachfragen und Nachhaken zu beenden und versuchen, das Problem auf harmonische Art zu lösen.

Ausgetauschte Argumente nehmen im chinesischen Diskurs im Allgemeinen nur dann aufeinander Bezug, wenn sie anknüpfen, überlappen oder gar übereinstimmen. Weicht man in der Meinung ab, wird ein neues Thema angeschnitten. Ziel und oberste Handlungsmaxime ist die Erhaltung der Harmonie. Harmonie wird dabei anders als im christlichen Abendland mehr im Sinne der Aufrechterhaltung der Ordnung verstanden.

Wenn im chinesischen Kontext auch Konfliktvermeidungsstrategien eine nicht hoch genug einzuschätzende Rolle spielen, so wäre es doch falsch, davon auszugehen, dass jede Auseinandersetzung vermieden oder höflich harmonisierend umgangen werden würde. Bei Themen, die »wichtig« sind, beispielsweise entscheidende materielle Vorteile bringen, wird mit Sicherheit hart gestritten, wobei auch laute Töne und unzweideutig ausgedrückte Forderungen und Meinungen vorgetragen werden. Dabei schwindet für den Europäer mitunter der Eindruck, dass man sich sachlich und höflich auseinander setzt. Das Problem liegt nun darin, zu erkennen was wichtig ist, denn nicht immer sind die heftig umkämpften Punkte auch die wichtigen. Je nach Situation kann es sich dabei durchaus um taktische Schaukämpfe handeln. Vermieden wird jedoch jedwede »unnütze« Diskussion, also eine, die keine konkreten Vorteile bringt. Außerdem wird jede Form einer Selbstdarstellung durch Präsentation einer elaborierten, differenzierten, ganz persönlichen Meinung mit dem Ziel des »Prestigegewinns« vermieden, denn das ist für den chinesischen Gesprächspartner nicht nachvollziehbar.

Statt zu kritisieren und Schuldzuweisungen vorzunehmen, sollten Sie feststellen, wo Mängel sind, um welche es sich handelt und wie diese behoben werden können. Versuchen Sie, dies von Anfang an mit dem verantwortlichen Mitarbeiter zu tun, statt ihm eine Liste mit Mängeln und Aufgaben zu präsentieren. Schaffen Sie in ihm das Bewusstsein, ein kompetenter Mitarbeiter zu sein, der Sachverstand zeigt und die richtigen Maßnahmen ergreifen wird. Machen Sie sich immer wieder bewusst, dass Dinge, die Ihnen problematisch und unbegreiflich erscheinen, Ihrem chinesischen Mitarbeiter nicht unbedingt auch so erscheinen müssen. Schaffen Sie eine gemeinsame Sprache durch gemeinsames Entdecken, Benennen und Analysieren des Problems.

Knüpfen Sie Kritik an Lob oder die Hervorhebung bisher erbrachter positiver Leistungen an. Kritisches oder Problematisches kommt, wenn es sich nicht vermeiden lässt, zum Schluss eines Gesprächs, nicht zu Beginn, wie dies bei uns üblich ist. Fast immer lässt sich die nötige Kritik verschlüsseln und zwischen den Zeilen verstecken.

Beispiel 11: Technisches Streitgespräch

Situation

»Am Anfang meines Aufenthalts in China als Ingenieur hatte ich mit einem chinesischen Kollegen ein kleines Streitgespräch, in dem es um eine technische Auseinandersetzung ging. Ich habe den chinesischen Mitarbeiter dann wohl so in die Enge getrieben, um ihm zu beweisen, dass ich an dieser Stelle Recht hatte und dass die Fakten eben so klar auf dem Tisch liegen, dass er nicht mehr anders konnte, als mir zuzustimmen. Aber das passierte nicht. Ja, da musste ich stattdessen erleben, dass der Kollege mir auf meine Fragen Antworten gab, die zu den Fragen einfach nicht passten. Ich sprach vom Kurzschluss, er sprach vom Wetter, und so ging das eine ganze Zeit lang, bis ich aufgab.«

Warum ist der chinesische Kollege nicht auf die Argumente des jungen deutschen Ingenieurs eingegangen?

- Lesen Sie nun die Antwortalternativen nacheinander durch.
- Bestimmen Sie den Erklärungswert jeder Antwortalternative für die gegebene Situation und kreuzen Sie ihn auf der darunter befindlichen Skala entsprechend an. Es ist möglich, dass mehrere Antwortalternativen den gleichen Erklärungswert besitzen.

Deutungen

a) Der Chinese ist durch das rechthaberische Verhalten des Deutschen verletzt und fühlt sich beleidigt.

sehr zutreffend	eher zutreffend	eher nicht zutreffend	nicht zutreffend

b) Der Chinese hat das Gefühl, dass eine argumentative Auseinandersetzung mit dem Deutschen nicht möglich ist, da aufgrund der Sprachbarriere zu viele Missverständnisse entstehen. Das Ausweichen auf Dinge, die mit der eigentlichen

Diskussion nichts zu tun haben, ist ein Versuch, dies dem Kollegen klar zu machen.

sehr zutreffend	eher zutreffend	eher nicht zutreffend	nicht zutreffend

c) Der chinesische Kollege hat realisiert, dass er das Streitgespräch verloren hat. Er weiß dem Deutschen keine Argumente mehr entgegenzusetzen und möchte sich durch das Ablenkungsmanöver möglichst glimpflich aus der Affäre ziehen.

sehr zutreffend	eher zutreffend	eher nicht zutreffend	nicht zutreffend

d) Der Chinese zeigt durch seine Antworten, dass er sich auf dieses Gespräch nicht mehr einlassen will, da der Deutsche die grundlegendsten Regeln der Höflichkeit nicht kennt und die Harmonie zwischen den Gesprächspartnern zerstört.

sehr zutreffend	eher zutreffend	eher nicht zutreffend	nicht zutreffend

- Versuchen Sie, Ihre Einstufung jeder Antwortalternative zu begründen. Halten Sie die Begründung in schriftlicher Form stichpunktartig fest.
- Lesen Sie nun die Erläuterungen zu jeder Antwortalternative und vergleichen diese mit Ihren eigenen Begründungen.

■ Bedeutungen

Erläuterung zu a):
Es ist sicher richtig, dass der Chinese durch das Verhalten des Deutschen verletzt ist. Dass er jedoch den Beleidigten spielen würde, trifft nicht zu. Zwar fügte ihm der Deutsche einen Gesichtsverlust zu, jedoch ist vor allem er es, der in den Augen des Chinesen sein Gesicht verliert. Das Verhalten des Chinesen zielt vielmehr darauf ab, die Harmonie und damit verbunden das Ge-

sicht beider Gesprächspartner zu schützen, um die daraus für die weitere Zusammenarbeit folgenden negativen Konsequenzen abzuwenden.

Erläuterung zu b):
Dies ist sicherlich nicht richtig. Aus der Beschreibung des deutschen Ingenieurs lässt sich kaum schließen, dass es in dieser Situation ein Sprachproblem gegeben hat. Es erscheint auch unlogisch, dass ein chinesischer Gesprächspartner in dieser Form auf Sprachprobleme aufmerksam machen würde beziehungsweise das Streitgespräch erst zu einem so späten Zeitpunkt an der Sprachbarriere scheitert.

Erläuterung zu c):
Es kommt dem Chinesen gar nicht in den Sinn, sich argumentativ gegen seinen Vorgesetzten durchzusetzen. Das liegt nur zum geringsten Teil an den besseren Argumenten des Deutschen, wichtiger ist, dass es in China eine derartige Streitkultur nicht gibt, und so ist auch ein heftiger Austausch von Argumenten nicht kultiviert worden. In China gilt, dass ein kultivierter Mensch derartiges nicht nötig hat. Daher versteht der Chinese seine argumentative Notlage nicht als Niederlage, sondern er betrachtet das Verhalten des Deutschen als Zerstörung der Harmonie. Um diese wieder herzustellen, greift er zu Themen, die symbolhaft ankündigen, dass ein Konflikt droht, den er umgehen möchte. Diese Symbole missdeutet der Deutsche als Ausreden und wähnt sich kurz vor dem Sieg in dem angestrengten Disput. So aber schreitet er eher erhobenen Hauptes seiner Niederlage entgegen.

Erläuterung zu d):
Im Vordergrund jeder Aktion steht Harmonie. Kontrovers geführte Diskussionen sind in China unbekannt und verpönt. Eine harmonische Unterhaltung – schon der Begriff der Auseinandersetzung ist für Chinesen unbegreiflich – bewahrt den Respekt, das Gesicht des Gegenübers dadurch, dass das Gegenüber nicht gezwungen wird, die Position des anderen zu übernehmen. Auch wird diese dem Gegenüber nicht mit zwingender Logik darge-

stellt. Durch die Selbstbeherrschung, die der Chinese hier zeigt, indem er auf die Angriffe des Deutschen nicht eingeht, versucht er, die Harmonie zu bewahren, während der Deutsche sie ständig stört.

- Beantworten Sie für sich folgende Frage: Wie würden Sie sich in einer vergleichbaren Situation verhalten?
- Halten Sie Ihre Überlegungen stichpunktartig in schriftlicher Form fest.

■ Lösungsstrategie

Unterhaltungen sind gekennzeichnet durch Umlenken, Ausweichen und Weichsein, dem Prinzip des Tai-Chi-Chuan. Das gilt auch dann, wenn man sich seiner Sache absolut sicher ist oder wenn das Verhalten des Gegenübers eindeutig einen kritikwürdigen Fehler beinhaltet. In solchen Situationen wird versucht, diskussionstechnisch auf einen Ausgleich hinzuarbeiten und Widersprüche zu verdecken, indem man sie ignoriert oder das Thema wechselt. Durch das Beharren auf seinen Argumenten und das »in die Enge treiben« hat der Deutsche gegenüber seinem chinesischen Mitarbeiter Gesicht verloren, da er dieses Grundprinzip missachtet. Ein solcher Gesichtsverlust zu Beginn eines Auslandsaufenthalts kann fatal sein und irreparablen Schaden zeitigen, wenn es sich um einen Vorgesetzten oder wichtige Mitarbeiter handelt.

Versuchen Sie zuerst zu erkunden, ob ihr Partner nicht schon weiß, dass ihm ein Fehler unterlaufen ist oder ein Mangel vorliegt. Belassen Sie die Sache als Problem, versuchen Sie nicht, daraus einen Konflikt zu machen, indem Sie einen persönlich Schuldigen definieren. Vielleicht hat der Kollege auch schon Ideen parat, wie der Missstand zu beseitigen wäre. Jede Sache hat auch ihre positive Seite, selbst Fehler, denn aus ihnen lernt man bekanntlich am meisten.

Stellen Sie Harmonie her, oder erhalten Sie diese, indem Sie zuerst positive Aspekte benennen und eine übereinstimmende

Vorgehensweise zur weiteren Verbesserung erarbeiten. Dabei müssen Sie nicht das letzte Wort haben, wenn Sie es ertragen können, dass ein paar Tage später Ihre Idee als die Idee Ihres Gesprächspartners wieder auftaucht. Beschleunigen können Sie einen Verbesserungsprozess nur durch Überzeugung, nicht durch Überredung oder Direktheit.

Beispiel 12: Zur Sache!

Situation

Herr Vietkau ist Manager eines deutschen Reiseunternehmens, das sich in Asien stärker engagieren möchte. Er trifft sich daher mit Vertretern eines chinesischen Unternehmens, zu denen bisher nur auf schriftlichem und fernmündlichem Wege Kontakt aufgenommen worden war, um zukünftige Reisekooperationen zu verhandeln. Herr Vietkau hat sich gut vorbereitet, viel anschauliches Werbematerial mitgebracht, um noch einmal das Niveau seines Unternehmens darzustellen, sowie Zahlen, die den Erfolg in anderen asiatischen Regionen eindringlich belegen und die Ziele für China deutlich werden lassen. Er ist überzeugt, den Chinesen ein lukratives Geschäft vorschlagen zu können, und sieht keine Probleme, schnell zu einem Abschluss zu kommen, da er auch von der Seriosität des ausgewählten chinesischen Unternehmens überzeugt sein kann.

Der Empfang beim Geschäftsführer und einer ganzen Reihe chinesischer Mitarbeiter ist sehr freundlich, fast erdrückend, und es werden viel zu viel Umstände gemacht: Erst wird Tee in verschiedenen Variationen angeboten. Da er den grünen chinesischen Tee mit den Blättern darin verabscheut, lehnt er ihn höflich ab. Weiter ging es mit Keksen und anderen Süßigkeiten, die er auch nicht mochte. Er war doch nicht auf einer Party! Obwohl er eigene Zigaretten in seiner Brusttasche hatte und eigentlich im Moment nicht rauchen wollte, wurden ihm Zigaretten aller im Raum vorhandener Marken aufgedrängt. Das Gespräch drehte sich nur um seine bisherigen Reiseeindrücke von China, wobei er solche diesmal überhaupt nicht gesammelt hatte, schließlich war das für ihn eine reine Geschäftsreise, wie er vergeblich betonte. Er wurde nach seinem Familienstand ausgefragt, nach dem Wohlergehen von Frau und Kind, was er als reichlich indiskret empfand. Mühsam quälte sich Herr Vietkau durch diese zeitraubenden Nichtigkeiten, um endlich zur Sache kommen zu können. Geschickt machte er der Tratscherei ein Ende, indem er begann, seine mitgebrachten Materialien zu präsentieren.

Schon während seiner Ausführungen bemerkte er, dass ihm offenbar kaum Interesse entgegengebracht wurde. Die Verabschiedung kam für ihn überraschend früh, ohne dass man überhaupt in konkrete Gespräche eingestiegen war. Er war vom einseitigen und offensichtlich von Interesselosigkeit begleiteten Verlauf seiner Präsentation so verunsichert, dass er beschloss, nicht weiter zu drängen, sondern den nächsten Tag abzuwarten. Am nächsten Tag erfuhr er, dass seine gestrigen Gesprächspartner entweder nicht im Hause seien oder in Besprechungen und niemand anderes in dieser Sache zuständig sei oder Bescheid wisse. Auch zu einem späteren Zeitpunkt kam es zu keinem weiteren Treffen zwischen Vertretern beider Firmen.

Wie erklären Sie sich den Misserfolg seiner Bemühungen?

- Lesen Sie nun die Antwortalternativen nacheinander durch.
- Bestimmen Sie den Erklärungswert jeder Antwortalternative für die gegebene Situation und kreuzen Sie ihn auf der darunter befindlichen Skala entsprechend an. Es ist möglich, dass mehrere Antwortalternativen den gleichen Erklärungswert besitzen.

■ Deutungen

a) Herr Vietkau hat nicht, wie er glaubte, besonders geschickt agiert. Seine chinesischen Gesprächspartner saßen nicht da, um mit ihm Details eines möglichen Kooperationsplans zu besprechen, sondern um ihn persönlich kennen zu lernen und so einen ersten Schritt zum Aufbau einer Vertrauensbasis beider Firmen zu tun.

sehr zutreffend	eher zutreffend	eher nicht zutreffend	nicht zutreffend

b) Da es Herr Vietkau an der nötigen Offenheit dem chinesischen Geschäftspartner gegenüber mangeln ließ, konnte das für die geplante gemeinsame Geschäftsbeziehung nötige Vertrauen nicht aufgebaut und die deutsche Firma als Geschäftspartner nicht akzeptiert werden.

sehr zutreffend	eher zutreffend	eher nicht zutreffend	nicht zutreffend

c) Nachdem auf schriftlichem und fernmündlichem Wege alle entscheidenden Hindernisse für eine Kooperation schon aus dem Weg geräumt waren, erwarteten die Chinesen ein klares Angebot, nicht eine Werbeveranstaltung voller Eigenlob.

sehr zutreffend	eher zutreffend	eher nicht zutreffend	nicht zutreffend

d) Die Chinesen wollten von vornherein mit den Deutschen keine Geschäfte machen, denn dann wäre Herr Vietkau gleich mit den Mitarbeitern bekannt gemacht worden, mit denen der Kooperationsvertrag auszuhandeln wäre, und nicht nur mit einem Plauderstündchen höflich, aber desinteressiert abgefertigt worden.

sehr zutreffend	eher zutreffend	eher nicht zutreffend	nicht zutreffend

- Versuchen Sie, Ihre Einstufung jeder Antwortalternative zu begründen. Halten Sie die Begründung in schriftlicher Form stichpunktartig fest.
- Lesen Sie nun die Erläuterungen zu jeder Antwortalternative und vergleichen diese mit Ihren eigenen Begründungen.

Bedeutungen

Erläuterung zu a):
Herr Vietkau hat allerdings recht ungeschickt agiert. Der höfliche Empfang beim Geschäftsführer des Unternehmens und zahlreichen Mitarbeitern war ein durchaus günstiges Zeichen: Man maß seinem Besuch offensichtlich große Bedeutung bei. Um die Besprechung der gewünschten Kooperation ging es zu diesem Zeitpunkt überhaupt nicht. Sicher ist nur, dass dieser erste Termin auf weitere hoffen ließ, sofern Herr Vietkau auf Gesprächsangebote des Geschäftsführers eingegangen wäre. Der chinesische Geschäftsführer bewirtet seinen deutschen Gast entsprechend den chinesischen Höflichkeitsregeln. Er bietet Tee und Zigaretten an und erwartet selbstverständlich, dass der Gast dieses Angebot annimmt und auf diese Weise den ihm entgegengebrachten Respekt anerkennt. Herr Vietkau weist aber das Angebot mehr oder weniger brüsk zurück und macht deutlich, dass er das alles für überflüssig hält. Sein »Zur-Sache-Kommen« zeigt ein mangelndes Interesse an der Person des potenziellen Partners und bildet dadurch keine Grundlage für eine vertrauensvolle Zusammenarbeit.

Erläuterung zu b):
Nein, es geht nicht um Offenheit oder mangelnde Offenheit. Es geht zunächst einfach um Gesprächsbereitschaft! Dabei ist es nicht von entscheidender Bedeutung, ob Herr Vietkau ein besonders offenherziger Mensch ist oder nicht. Offenherzigkeit kann ebenso gut zum Nachteil gereichen. Bezüglich der sachlichen Daten seiner Firma scheint Herr Vietkau ja durchaus offen zu sein, denn er berichtet nicht von geschönten Darstellungen über die Aktivitäten seines Unternehmens. Aber an diesem Punkt ist das Interesse bereits erloschen. Natürlich ist die Gesprächsbereitschaft nicht Selbstzweck, der chinesische Geschäftsführer unterhält sich nicht aus Langeweile mit Herrn Vietkau. Es wird ein weiter reichendes Ziel mit dieser lockeren Plauderei verfolgt!

Erläuterung zu c):
Mit Sicherheit wäre ein mehr oder weniger detailliert ausgearbeiteter Plan, den Herr Vietkau anstelle der Werbebroschüren hätte

überreichen können, mit etwas mehr Interesse entgegengenommen worden, aber wohl nur, um bei einem Konkurrenzunternehmen besser informiert zu sein über mögliche Konditionen und Preise. Die schriftliche und telefonische Vorabsprache ist nicht tragfähig genug für Kooperationen mit mittel- oder langfristigen gegenseitigen Verbindlichkeiten. Ein persönliches Vertrauensverhältnis, das eben auch mit Hilfe gewisser ritualisierter Formen der Kontaktpflege aufgebaut und unterhalten wird, ist unabdingbar.

Erläuterung zu d):
Aus dem vorliegenden Text geht eher hervor, dass die Chinesen großes Interesse an den Geschäftsverhandlungen hatten, denn sie laden den deutschen Vertreter des Reiseunternehmens ein, der chinesische Geschäftsführer bewirtet ihn in großer Runde entsprechend den in China üblichen Traditionen und versucht, mit ihm persönlich ins Gespräch zu kommen. Wie sich die chinesische Seite solche Gespräche vorstellt, darüber hat sich Herr Vietkau offenbar noch nie Gedanken gemacht. Mit seiner wenig partnerzentrierten Einstellung ist er für das frühe Scheitern allein verantwortlich. Sein Benehmen muss in chinesischen Augen äußerst rüde wirken, denn dort geht es nie nur um die Sache oder das, was wir in Deutschland dafür halten. In dem scheinbaren Plauderstündchen hätte Herr Vietkau viel über seinen erhofften chinesischen Partner erfahren können.

- Beantworten Sie für sich folgende Frage: Wie würden Sie sich in einer vergleichbaren Situation verhalten?
- Halten Sie Ihre Überlegungen stichpunktartig in schriftlicher Form fest.

■ Lösungsstrategie

Wer so mit seinem Gastgeber umgeht wie Herr Vietkau, wer so wenig Gespür für Atmosphärisches aufbringt und auf diese Art chinesische Kulturtraditionen missachtet, gilt in China schnell als ein ungehobelter Barbar, ein Mensch »ohne Gesicht« und ist als Geschäftspartner inakzeptabel.

Sie sollten zunächst einmal auf die Gesprächsangebote Ihrer chinesischen Partner in einer solchen ersten Begegnungssituation eingehen, denn sie haben überhaupt nichts mit den geschäftlichen Interessen zu tun. Entsprechend den chinesischen Höflichkeitsregeln könnten Sie auch die chinesischen Gesprächspartner nach Familie, persönlichem Wohlbefinden, dem Wetter, den Schönheiten Chinas, der Arbeitsbelastung im Beruf oder den Veränderungen des Marktes fragen, um so eine positive Gesprächsatmosphäre herzustellen. Es ist eigentlich selbstverständlich, zumindest den Tee anzunehmen. Ein Austausch von Zigaretten ist ebenfalls ein simples und ohne Schwierigkeiten zu lernendes Ritual, an dem sich unschwer Gespräche über das Rauchen anknüpfen lassen.

All diese für den westlichen Geschäftsreisenden vielleicht überflüssig erscheinenden Rituale und der damit einhergehende Small-Talk dienen aus Sicht der Chinesen der Herstellung einer harmonischen Gesprächssituation. Sie werden in einer solchen ersten Begegnungssituation kaum die Möglichkeit haben, den Gesprächsverlauf »auf den Punkt zu bringen«. Sie müssen genügend Zeit zum gegenseitigen Kennenlernen einplanen. Später können Sie unter Rückgriff auf die entwickelten guten Beziehungen unter Umständen Dinge beschleunigen oder außerhalb der Verhandlungsrunde mit den Betreffenden in informellen Gesprächen das eine oder andere klären. Das geht aber erst, wenn Sie für die chinesischen Partner ein zuverlässiger und langfristig interessanter Partner sind.

Mit viel Geduld und Einfühlungsvermögen werden Sie sicher lernen, solche aus deutscher Sicht oft als unnötige Zeitverschwendung angesehenen Bewirtungen, Einladungen zum Essen und seicht dahinplätschernde Gespräche durch Beobachtung und indirekte Fragen zur Informationssammlung über Ihre Partner zu nutzen.

Kulturelle Verankerung von »sozialer Harmonie«

Der Begriff »soziale Harmonie« rührt aus dem chinesischen Verständnis, dass die soziale Ordnung in gleicher Weise harmonisch wirken müsse wie die Natur. Ebenso wie es für die Naturgesetze nach chinesischer Auffassung keine logische Grundlage von Ursache und Wirkung gibt, sind auch die sozialen Gesetze, die Etikette, ein eher willkürlich zusammengestelltes Regelwerk, das aus sich heraus soziale Harmonie sicherstellt. Die gedankliche Grundlage hierfür ist das korrelative Denken, das bedeutet, dass man Aspekte des kosmischen oder sozialen Lebens zueinander in Beziehung stellt oder zuordnet, ohne eine logische Erklärung dafür anfügen zu müssen.

Zum Beispiel werden stoffliche Materialien, wie Holz, Eisen, Wasser den Jahreszeiten, Himmelsrichtungen und Farben zugeordnet, was als harmonischer Zustand definiert wird. Aus diesen Zuordnungen lassen sich politische Entscheidungen oder Verhaltensmaßregeln ablesen, denn diese fungieren in harmonischer Weise mit den natürlichen Dingen. Daraus folgt wiederum umgekehrt, dass sich auch die Natur, der Himmel und die Erde dementsprechend zum menschlichen Handeln verhalten. Die Aufrechterhaltung der sozialen Harmonie ist somit direkt mit der Aufrechterhaltung der natürlichen, kosmischen Ordnung verbunden. Durch Verstöße gegen die soziale Harmonie wird eine der größten Gefahren für die politische Herrschaft, nämlich das Chaos (luan) hervorgerufen.

In der politischen Konzeption wird das Chaos in der Gesellschaft, das vor allem in zahlreichen Bauernaufständen und Rebellionen sichtbar wird, durch das Fehlverhalten des Kaisers hervorgerufen, der zentralen Verbindung zwischen der kosmischen Herrschaft des Himmels und der Herrschaft auf Erden. Die sozialen Unruhen werden als Zeichen des Himmels interpretiert, dass der derzeitige Himmelssohn nicht fähig ist, seinem Mandat entsprechend zu handeln, und dass ihm damit das Mandat entzogen wird, was in der politischen Praxis durch einen Dynastiewechsel geschieht. Hiermit erhält das Volk praktisch die Legitimation zur Rebellion, da es vom Himmel dazu beauftragt ist, die soziale und kosmische Harmonie wiederherzustellen.

In der chinesischen Geschichte sind fast sämtliche Dynastiewechsel in solcher Weise erfolgt; man nennt dies den dynastischen Zyklus. Entscheidend ist dabei, dass die Rebellion und Entmachtung des Kaisers nie zu einer neuen Gesellschaftsordnung führen soll, sondern das Ziel immer die Restauration der alten Ordnung im Sinne des früheren harmonischen Zustands ist. Die philosophische Grundlage für dieses Konzept wurde bereits durch Mengzi im 3. Jahrhundert v. d. Z. gelegt.

Plannerer

Themenbereich 5: Das Guanxi-System

Beispiel 13: Jobvermittlung

Situation

Herr Dietel ist Repräsentant eines großen deutschen Unternehmens und schon einige Jahre in China. Eine private Erfahrung gibt ihm noch immer Fragen auf:

»Es war ein Samstag gewesen, und ich war wieder mal mit meiner Frau auf dem Vogelmarkt. Wir brauchten noch das richtige Futter für unsere beiden kleinen Vögel. Jedoch hatten wir damals noch Schwierigkeiten, unser Anliegen dem Vogelhändler mitzuteilen. Da sprach uns eine Chinesin auf Deutsch an, ob sie uns helfen könne. Sie war ca. 50 Jahre alt, und es bahnte sich ein recht intensiver Kontakt mit dieser Frau an. Sie besuchte uns sehr häufig, und irgendwann lernten wir auch ihren Mann kennen. Eines Tages, das war sicher über ein Jahr nachdem wir uns kennen gelernt hatten, bat mich Frau Li plötzlich, ihrem Sohn eine Stelle in meinem Unternehmen in Deutschland zu vermitteln. Das konnte ich natürlich nicht machen, aber mit dem Hinweis, wo ihr Sohn sich bewerben könne und dass ich ihm bei den Bewerbungsunterlagen helfen könne, gab sich Frau Li offensichtlich nicht zufrieden. Sie sprach auch mit meiner Frau und legte ihr sogar die Zeugnisse ihres Sohnes vor, um uns von seinen Qualifikationen zu überzeugen. Sie wollte unbedingt, dass wir uns aktiv um eine Stelle in Deutschland für ihren Sohn bemühen! Als auch meine Frau ablehnte, war die Freundschaft von einem auf den anderen Tag beendet. Frau Li hat sich damals etwas plötzlich und geknickt verabschiedet, aber sie hat sich nie wieder bei uns gemeldet und auch unsere Briefe nicht beantwortet. Wir haben dann auch nicht gedrängt und so bis heute nie mehr etwas von ihr gehört, was wir sehr bedauern und nicht so recht verstehen.«

Warum hat Frau Li die Freundschaft zu dem deutschen Ehepaar so abrupt beendet?

- Lesen Sie nun die Antwortalternativen nacheinander durch.
- Bestimmen Sie den Erklärungswert jeder Antwortalternative für die gegebene Situation und kreuzen Sie ihn auf der darunter befindlichen Skala entsprechend an. Es ist möglich, dass mehrere Antwortalternativen den gleichen Erklärungswert besitzen.

Deutungen

a) Frau Li ist mit ihrem Mann plötzlich in eine andere Stadt gezogen, ohne sich von dem Ehepaar zu verabschieden.

sehr zutreffend	eher zutreffend	eher nicht zutreffend	nicht zutreffend

b) Frau Li hat den Eindruck, dass Herr Dietel ihren Sohn für nicht qualifiziert genug hält. Als auch die Vorlage der Zeugnisse nicht überzeugt, fühlt sie sich gedemütigt und verletzt.

sehr zutreffend	eher zutreffend	eher nicht zutreffend	nicht zutreffend

c) Ein anderer Ausländer hat Frau Li eine Stelle für ihren Sohn angeboten. Sie braucht das Ehepaar Dietel nicht mehr.

sehr zutreffend	eher zutreffend	eher nicht zutreffend	nicht zutreffend

d) Das Verweigern von Hilfe erscheint Frau Li als Verrat an der Freundschaft. Sie kann nicht glauben, dass Herr Dietel nichts dafür tun kann, dass ihr Sohn eine Stelle in der deutschen Firma bekommt.

- Versuchen Sie, Ihre Einstufung jeder Antwortalternative zu begründen. Halten Sie die Begründung in schriftlicher Form stichpunktartig fest.
- Lesen Sie nun die Erläuterungen zu jeder Antwortalternative und vergleichen diese mit Ihren eigenen Begründungen.

Bedeutungen

Erläuterung zu a):
Diese Antwort ist äußerst unwahrscheinlich. Es kann zwar vorkommen, dass ein relativ plötzlicher Umzug vorgenommen werden muss, etwa bei berufsbedingten Versetzungen, aber eine enge Freundschaft wird man in China keinesfalls so sang- und klanglos zu Ende gehen lassen. Zu erwarten wäre eine Abschiedseinladung und ein lange aufrechterhaltener Briefkontakt.

Erläuterung zu b):
Es geht hier gar nicht um Qualifikation, es geht um Vertrauen. Es ist sehr unwahrscheinlich, dass Frau Li geglaubt hat, das deutsche Ehepaar würde ihren Sohn für unqualifiziert halten. Zudem ist für Frau Li nicht glaubhaft, dass Herr Dietel ihrem Sohn nicht einfach eine Anstellung vermitteln kann, auch wenn er es gewollt hätte. Eine so hochrangige Person wie Herr Dietel hat in ihren Augen auf jeden Fall die Möglichkeit, eine solche Kleinigkeit zu ermöglichen. Wenn dies nicht geschieht, kann das nur als Vertrauensbruch verstanden werden.

Erläuterung zu c):
Es gibt keinen Hinweis darauf, dass andere Ausländer gebeten wurden, eine Stelle zu vermitteln. Ausländern eine solche Bitte vorzutragen, ist für niemanden einfach, auch nicht für Chinesen. Um einen solchen Gefallen kann man nur einen wirklichen Freund bitten, zu dem ein gutes Vertrauensverhältnis besteht. Selbst wenn eine andere Lösung für die Stelle des Sohnes gefun-

den worden wäre, bliebe noch die eigentliche Frage, warum der Kontakt zwischen den Ehepaaren so abrupt beendet worden war.

Erläuterung zu d):
Aus Sicht von Frau Li und ihrem Mann hatte sich im Lauf der Zeit zu dem deutschen Ehepaar eine enge Freundschaft entwickelt. In einer solchen Freundschaftsbeziehung ist gegenseitige Unterstützung eine Selbstverständlichkeit. Für den Freund tut man alles. Jobvermittlung funktioniert in China häufig nur über das Nutzen von Beziehungen und diese Form, »durch die Hintertür« an eine Stelle zu kommen, hat in China auch nichts Anrüchiges. Dass Derartiges in deutschen Augen als unrechtmäßige Begünstigung gilt und Herrn Dietel in ernsthafte Schwierigkeiten bringen könnte, kann man sich in China nicht vorstellen. Das Argument, in Deutschland sei so etwas unmöglich, denn das grenze ja an Korruption oder Vorteilsnahme, wirkt auf dem Hintergrund der auch in China verbreiteten Zeitungsmeldungen über Bestechungsskandale in Deutschland nicht überzeugend. Chinesen sehen hierin kein Vergehen, denn es fließen ja noch nicht einmal Bestechungsgelder, und niemand wird geschädigt. Ein Grund für die Ablehnung kann also nur im Privaten gesucht werden. Frau Li muss am Wert der Freundschaft zweifeln. Die so lange gepflegte Beziehung, die »Guanxi«, in der natürlich sie und ihr Mann alles für das Ehepaar Dietel und für die Firma Herrn Dietels getan hätten, war für sie nichts als eine Täuschung.

- Beantworten Sie für sich folgende Frage: Wie würden Sie sich in einer vergleichbaren Situation verhalten?
- Halten Sie Ihre Überlegungen stichpunktartig in schriftlicher Form fest.

Lösungsstrategie

Zwischen der deutschen und der chinesischen Familie hat sich eine Freundschaftsbeziehung entwickelt, die aus der deutschen und chinesischen Kulturtradition heraus einen unterschiedlichen Grad gegenseitiger Verpflichtung und Hilfe zur Folge hat.

Frau Li musste davon ausgehen, dass die deutsche Familie ihrem Sohn eine Stelle vermitteln könnte, zumal dies aus chinesischer Sicht kein großes Problem darstellt. Für die Deutschen war das Besorgen dieser Stelle für einen privaten Bekannten oder Freund unmöglich, weil ein deutscher Angestellter dazu nicht die Befugnis hat und dies gegen die Regeln für Chancengleichheit bei Bewerbungen verstoßen würde. Den Vorgesetzten gegenüber wäre ein solches Anliegen überhaupt nicht vorzubringen. Das deutsche Ehepaar hätte Frau Li und ihrem Mann gegenüber ausführlich erklären und begründen sollen, warum es ihnen bei aller Freundschaft und Hilfsbereitschaft unmöglich ist, eine Stelle für den Sohn zu vermitteln, selbst dann, wenn sie diese Bitte für durchaus gerechtfertigt angesehen hätten.

Vermutlich hat sich aber das deutsche Ehepaar in dieser Situation von Frau Li und ihrem Mann ausgenutzt gefühlt. Das Ehepaar Dietel hat die Freundschaftsbeziehungen sicher ohne einen Gedanken an gegenseitige Hilfe gepflegt, denn in Deutschland ist eine Erwartungshaltung an eine Freundschaft in dieser Art eher die Ausnahme, im Allgemeinen hat hier jeder, was er braucht, oder kann es ohne Probleme bekommen.

Häufig beklagen sich Ausländer darüber, dass dann, wenn einmal ein persönliches Freundschaftsverhältnis zu Chinesen zustande komme, über kurz oder lang dieses Beziehungsverhältnis »missbraucht« werde, da die Chinesen die Deutschen um ungebührlich hohe, oder – wie in diesem Fall – gesetzeswidrige Hilfeleistungen bitten würden.

Aus chinesischer Sicht sind solche Forderungen und Bitten gerechtfertigt und geradezu selbstverständlich, wenn man einmal eine solche Freundschaftsbeziehung eingegangen ist. Da aus Sicht der Chinesen die Deutschen im Vergleich zu ihnen über einen schier unermesslichen Reichtum und scheinbare Machtfülle verfügen, geraten die erwarteten Hilfeleistungen für deutsches Empfinden oft aus den Fugen. Deutsche kommen dagegen eher selten in die Lage, chinesische Bekannte um materielle Freundschaftsdienste zu bitten. Hilfestellungen bei der Bewältigung administrativer, bürokratischer oder sprachlicher Hürden werden jedoch leicht als selbstverständlich oder als nebensächlich unterschätzt.

Hier entsteht also aufgrund des Wohlstandsgefälles bereits ein Ungleichgewicht, was noch durch die kulturbedingten unterschiedlichen Interpretationen der aus solchen Freundschaftsbeziehungen abzuleitenden gegenseitigen Verpflichtungen verstärkt wird.

Ob in dem geschilderten Fall ein klärendes Gespräch zwischen dem deutschen Ehepaar und der Chinesin zum Erhalt der Freundschaftsbeziehung geführt hätte, ist nicht mit letzter Sicherheit zu sagen, da es vermutlich für beide Seiten schwierig gewesen wäre, die Zusammenhänge zu erklären und zu verstehen.

Beispiel 14: Der Bankkredit

Situation

Frau Schmidt, eine schon chinaerfahrene deutsche Managerin, benötigte ein dienstliches Darlehen und wandte sich, um zuerst einige allgemeine Informationen zu sammeln, an ihre chinesische Freundin Xiaojiang, die in einer Bank tätig ist, mit der ihre Firma bisher jedoch noch nichts zu tun gehabt hatte. Xiaojiang versprach sofort, sich um das Darlehen zu kümmern, und nahm sich des Falls gemeinsam mit Herrn Shu, einem Angestellten der Kreditabteilung ihrer Bank, an. Herrn Shu fiel ein, dass die Frau des Direktors demnächst ein Kind erwartete. Seiner Meinung nach wäre die empfehlenswerteste Methode für eine gute Kreditabsprache, die junge Mutter zum Tee zu besuchen und ihr ein Geschenk für das Baby mitzubringen. Die Termine für den Teebesuch und die spätere Kreditabsprache mit dem Direktor persönlich werde er über dessen Sekretärin vereinbaren und in die Wege leiten.

Frau Schmidt erhielt kurz darauf einen Anruf ihrer chinesischen Freundin, in dem ihr diese Schritt für Schritt erklärte, wie sie schnell und unbürokratisch ihren Kredit bekommen könnte.

Diese Art des geschäftlichen Vorgehens verblüffte Frau Schmidt doch sehr.

Wie beurteilen Sie solche Geschäftspraktiken?

- Lesen Sie nun die Antwortalternativen nacheinander durch.
- Bestimmen Sie den Erklärungswert jeder Antwortalternative für die gegebene Situation und kreuzen Sie ihn auf der darunter befindlichen Skala entsprechend an. Es ist möglich, dass mehrere Antwortalternativen den gleichen Erklärungswert besitzen.

Deutungen

a) In China ist Korruption ein Moloch, gegen den der Staat bisher vergeblich ankämpft. Nach wie vor funktioniert kaum ein Geschäft ohne Schmieren.

sehr zutreffend	eher zutreffend	eher nicht zutreffend	nicht zutreffend

b) Frau Schmidt hat ja schon geahnt, dass sie zur Gewährung eines Kredits persönliche Beziehungen nutzen sollte, da persönliche Kontakte wichtiger und effektiver sind als institutionelle Ansprüche. Allerdings ist sie ein wenig überrascht, welche (Um-)Wege dabei beschritten werden müssen.

sehr zutreffend	eher zutreffend	eher nicht zutreffend	nicht zutreffend

c) Privatleben und Geschäftsleben sind in China nicht so streng voneinander getrennt wie im Westen. Gute Geschäftsfreunde sind auch privat gute Freunde und umgekehrt.

sehr zutreffend	eher zutreffend	eher nicht zutreffend	nicht zutreffend

d) Xiaojiang hat nicht verstanden, dass es sich um ein dienstliches Darlehen handelt. Sie ging davon aus, dass sie sich durch Frau Schmidt für die Beschaffung eines privaten Darlehens zu gegebener Zeit Vorteile verschaffen könne.

sehr zutreffend	eher zutreffend	eher nicht zutreffend	nicht zutreffend

- Versuchen Sie, Ihre Einstufung jeder Antwortalternative zu begründen. Halten Sie die Begründung in schriftlicher Form stichpunktartig fest.
- Lesen Sie nun die Erläuterungen zu jeder Antwortalternative und vergleichen diese mit Ihren eigenen Begründungen.

■ Bedeutungen

Erläuterung zu a):
Niemand wird behaupten, dass diese Antwort völlig unzutreffend sei. Korruption ist ein riesiges Problem in China, aber in der hier geschilderten Situation würde es keinem Chinesen einfallen, bereits von Korruption zu sprechen. Die Grenzen dieses auch in unserem Land unscharfen Begriffs sind in China noch viel schwerer zu ziehen. Oft ist nicht auszumachen, was der zwischenmenschlichen Beziehungspflege dient und was bereits in den Bereich von Bestechung und Korruption gehört.

Erläuterung zu b):
Der Amtsweg in Form von juristisch eindeutig festgelegten Regularien ist in China in fast allen Bereichen nur schwach ausgeprägt, häufig verworren und endet oft in einer Sackgasse. Daher ist es für Frau Schmidt vorteilhaft, mit der Frau des Direktors »Freundschaft« zu schließen, um so ein persönliches Vertrauensverhältnis zu schaffen, auf dessen Basis der Direktor den Kredit gewähren kann; ob das moralisch oder juristisch nach deutschem Empfinden korrekt ist, ist eine andere Frage.

Der Besuch und das dem Anliegen einigermaßen entsprechende Geschenk sind dabei notwendig, um dem Direktor den aus formalen Gründen gebührenden Respekt zu erweisen. Die Schwangerschaft der Frau des Direktors ist lediglich ein günstiger Anlass, um ihm über ein Geschenk für das Baby Respekt zu zeigen, ohne ihn selbst zu behelligen. Welchen Grund sollte sie als (ausländische) Frau sonst finden, ihn als Mann privat zu treffen?

Der entscheidende Punkt ist hier jedoch nicht das so genannte Anfüttern des Direktors durch das Geschenk, sondern das über die Beziehungsverkettung gewissermaßen auf Vorschuss gewährte Vertrauen, das erst die Basis für ein solches Geschäftsgebaren liefert. Darin ist auch ein wesentlicher Unterschied zu vergleichbarem deutschem Verhalten zu sehen, bei dem auf diese durch Mittelsleute gewährte Vertrauensbasis verzichtet werden kann.

Erläuterung zu c):
Zu behaupten, Privat- und Geschäftsleben wären nicht so streng voneinander getrennt wie im Westen, hieße, es sich zu einfach zu machen. Die Trennlinien verlaufen anders, sie sind aber durchaus existent. Sie werden sicher die Erfahrung machen, dass gute Geschäftsfreunde auch in China noch lange keine guten persönlichen Freunde sein müssen. Richtig ist, dass Geschäfte kaum ohne persönliche Beziehung getätigt werden, weshalb auch der Eindruck entsteht, es handle sich um ein Vermischen von Privatangelegenheiten und Geschäft. Aber diese persönlichen Beziehungen haben eine völlig andere Qualität als wir sie für Freundschaften fordern. Es geht hier nicht um den Austausch persönlicher Gefühle, sondern um das Erkennen der Person, des Menschen hinter dem Geschäftspartner. Daran ändert auch die Tatsache nichts, dass Ihnen Ihre Geschäftsfreunde erstaunlich früh auf die Schulter klopfen mögen und Sie »Lao Pengyou« ihren alten Freund nennen.

Erläuterung zu d):
Diese Antwort ist unzutreffend, wenn auch richtig ist, dass Vermittlertätigkeit durchaus zum Aufbau einer guten »Guanxi« gehört. Aus chinesischer Sicht wird Frau Schmidt sicher nach der Gewährung des Kredits ihrer chinesischen Freundin, Herrn Shu und dem Direktor verpflichtet sein. Aus der Spekulation auf eventuellen späteren Nutzen lässt sich aber nicht das Verhalten der Bankangestellten in der vorgegebenen Situation erklären.

- Beantworten Sie für sich folgende Frage: Wie würden Sie sich in einer vergleichbaren Situation verhalten?
- Halten Sie Ihre Überlegungen stichpunktartig in schriftlicher Form fest.

Lösungsstrategie

Folgt Frau Schmidt dem Vorschlag ihrer Freundin und Herrn Shus, wird sie sicherlich schnell und unbürokratisch zu ihrem Kredit kommen. Grundsätzlich könnte sie ihn auch auf dem offiziellen Wege bekommen, doch ist dann der Erfolg nicht immer garantiert. Nutzt sie den hier vorgeschlagenen Weg über Beziehungen, wird sie moralisch verpflichtet sein, sich für den erwiesenen Gefallen erkenntlich zu zeigen, etwa durch eine zukünftig regelmäßige Zusammenarbeit mit dieser Bank.

Guanxi, mit »Beziehungen« nur unzureichend übersetzt, ist in China eine Art soziales Kapital. Nicht jeder kann zu jedem irgendwie Beziehungen knüpfen. Es wird im Allgemeinen darauf geachtet, dass eine Balance in der Bedeutung und der gegenseitigen Leistungsfähigkeit gegeben ist.

Im konkreten Beispiel ist die entscheidende Schwierigkeit die Herstellung des Kontakts zwischen Frau Schmidt und dem Bankdirektor. Da es ungebührlich wäre, sich als Frau direkt mit dem Bankdirektor ohne gegebenen anderweitigen Anlass bekannt zu machen, ist der Umweg über dessen Frau nötig. Auf diesem Wege wird die zur Kreditgewährung notwendige persönliche Beziehung aufgebaut. Als Ausländer ist es nicht einfach, ein tragfähiges Beziehungsnetz aufzubauen und Zugang zu bestehenden chinesischen Beziehungsnetzen zu finden; am ehesten gelingt dies über chinesische Mittelsmänner und im Verlauf langjähriger Kontakte.

Aber auch lockere persönliche Beziehungen können nützlich sein. Sie können sie durch Erweisen von Gefälligkeiten, von Geschenken oder ähnlichem aufbauen, ohne dabei ständig an Bestechung denken zu müssen, denn Geschenke spielen in China eine ungleich größere Rolle als in Deutschland. In solchen Beziehungen genießen Sie ein Vertrauen, von dem Sie auch wieder profitieren werden, indem Sie beispielsweise Informationen und Tipps verschiedenster Art bekommen können, die für Sie als Ausländer sonst nur schwer zu erhalten wären und die Ihnen tiefere Einblicke in soziale und geschäftliche Zusammenhänge geben.

Wann auf diesen Pfaden Bestechung beginnt, die Sie nicht mehr mitzutragen bereit sind, das sollten Sie sich und Ihren Partnern möglichst früh klar zu machen versuchen. Ein »Sondertopf« für Geschenke und wichtige Essenseinladungen darf auf keinen Fall fehlen.

Beispiel 15: Alte Freunde

Situation

Herr Kohn freut sich: Zum zweiten Mal in seiner Laufbahn geht er für einige Jahre nach China. Bei einer seiner erneuten Entsendung vorausgehenden Geschäftsreise kontaktiert er seinen alten chinesischen Freund und früheren Kollegen, mit dem er vor 15 Jahren an den Anfängen des heute sehr erfolgreichen Joint Venture arbeitete. Herr Guo ist inzwischen bei einem anderen Unternehmen beschäftigt, lebt aber immer noch in Beijing. Herr Kohn freut sich auf das Treffen mit Guo, fast sentimental denkt er an die alte Zeit zurück. Was werden sie sich alles zu erzählen haben! Natürlich hat Herr Kohn die Wahl des Restaurants Herrn Guo überlassen, und der hatte es sich nicht nehmen lassen, ihn am Hotel abzuholen. Die Limousine, in der Guo vorfährt, beweist, dass Guo Erfolg hatte. Ein herzlicher Empfang, Begeisterung pur. Während der Fahrt erzählt Guo, wen er sonst noch alles eingeladen hat. Eigentlich hatte Herr Kohn mit einem Essen zu zweit gerechnet, aber nun scheint das Treffen in einem größeren Rahmen stattzufinden. Einige der Namen, die Guo aufzählt, sind Herr Kohn absolut unbekannt. An die geschilderten gemeinsamen Erlebnisse kann er sich teilweise kaum erinnern. Ob Guo da einiges durcheinander bringt? Herr Kohn kommt kaum dazu, ein paar Worte zu sagen, denn zwischendurch ist Guo am Telefonieren. Es scheinen noch mehr Menschen zu diesem Essen zu kommen, wie Guo offensichtlich stolz betont.

Herr Kohn erlebt einen äußerst anstrengenden Abend. Er kann sich hinterher kaum noch erinnern, mit wem er Bekanntschaft geschlossen hat, auf Freundschaft, Gesundheit, langes Leben, Erfolg, Respekt und derlei mehr getrunken hat, wen er von früher kannte und wen vielleicht nicht. Aber mit Guo hat er keine drei Sätze in Ruhe wechseln können. Dem scheint das aber auch kein Bedürfnis gewesen zu sein. So laut, hektisch und lärmend der Verkehr in den Straßen der Stadt ist, so laut und lärmend war der Abend. Herr Kohn weiß nicht so recht, was er von seinem Freund Guo halten soll.

Wie erklären Sie sich das merkwürdige Verhalten Guos? Hat er kein Interesse an einem Treffen zu zweit?

- Lesen Sie nun die Antwortalternativen nacheinander durch.
- Bestimmen Sie den Erklärungswert jeder Antwortalternative für die gegebene Situation und kreuzen Sie ihn auf der darunter befindlichen Skala entsprechend an. Es ist möglich, dass mehrere Antwortalternativen den gleichen Erklärungswert besitzen.

Deutungen

a) Es scheint wirklich so zu sein, dass Guo kein rechtes Interesse an einem Treffen zu zweit hatte. Die Tatsache, dass Gou auch noch zahlreiche andere Personen zu dem Treffen eingeladen hat, spricht dafür, dass die Freundschaft zu Herrn Kohn für ihn nur von geringer Bedeutung ist. Mit guten, persönlichen Freunden trifft man sich natürlich auch in China zu zweit.

sehr zutreffend	eher zutreffend	eher nicht zutreffend	nicht zutreffend

b) Die Einladung weiterer Gäste durch Guo soll zum Ausdruck bringen, welchen Stellenwert die Beziehung zu Herrn Kohn für ihn hat. Je mehr Aufwand bei der Organisation des Essens er betreibt und je einflussreicher die anderen geladenen Gäste sind, desto größer ist die Wertschätzung, die Guo damit zum Ausdruck bringt.

sehr zutreffend	eher zutreffend	eher nicht zutreffend	nicht zutreffend

c) Die Einladung zahlreicher anderer Gäste – gerade solcher, zu denen Herr Kohn bislang keinen oder kaum Kontakt hatte – soll ihm dabei helfen, ein möglichst weit verzweigtes eigenes Beziehungsnetzwerk aufzubauen.

sehr zutreffend	eher zutreffend	eher nicht zutreffend	nicht zutreffend

d) Verabredungen wie diese sind in China fast an der Tagesordnung. Dementsprechend ist es nicht unüblich, gleich mehrere solcher Termine zusammenzulegen, um so den sozialen Verpflichtungen mit relativ geringem Aufwand nachkommen zu können.

sehr zutreffend	eher zutreffend	eher nicht zutreffend	nicht zutreffend

Bedeutungen

Erläuterungen zu a):
Diese Antwort ist nicht zutreffen. Wenn Guo kein Interesse an einem Treffen mit Herr Kohn gehabt hätte, hätte er sich sicherlich einen Grund einfallen lassen, weshalb er verhindert ist, und sich gar nicht erst mit ihm getroffen. Die Einladung weiterer Gäste lässt sich wenn überhaupt als Zeichen der Wertschätzung der Beziehung zu Herrn Kohn beurteilen, da Guo einigen Aufwand getrieben haben muss, viele Leute einzuladen, und er sich im Fall des Falles das Essen auch einiges Kosten lassen wird, wenn es an die Bezahlung der Rechnung geht.

Erläuterung zu b):
Es ist in China durchaus zutreffend, dass der Aufwand, der rund im ein soziales Ereignis getrieben, wird auch als Ausdruck der Wertschätzung für das Gegenüber gesehen werden kann. Aus dieser Perspektive betrachtet scheint Guo sehr wohl ein Interesse an der Freundschaft zu Herr Kohn zu haben. Der edle Wagen, in dem er Herrn Kohn abholt, und die Wahl des Restaurants sprechen genauso dafür wie der Aufwand, den Guo bei der Einladung

der Gäste betrieben hat. Allerdings ist dies nicht der einzige Grund für die Einladung so vieler Leute.

Erläuterung zu c):
Diese Antwort ist sicherlich die am meisten zutreffende. Gute Kontakte zu möglichst vielen Personen in China sind sehr wichtig und werden von den Chinesen selbst als eine Art soziales Kapital angesehen, für das man arbeiten muss. Das von Guo arrangierte Essen kann also als Versuch gewertet werden, Herrn Kohn beim Aufbau eines eigenen Beziehungsnetzwerkes zu helfen.

Erläuterung zu d):
Sicherlich richtig ist, dass Networking, dem so genannten »Guanxi«, in China eine sehr große Bedeutung zukommt. Es ist auch richtig, dass die Pflege dieser Netzwerke aufwändig ist und schon mal über persönliche Treffen, zu denen man sich verpflichtet fühlt, geschieht. Es ist aber falsch, in der hier geschilderten Situation davon auszugehen, dass Guo sich möglichst wenig Arbeit bei der Pflege seiner Beziehungen machen wollte. In China wird sehr großes Augenmerk darauf gelegt, wer sich mit wem und unter welchen Umständen zum Essen trifft. Angesichts dessen würde eine Massenabfertigung, wie sie diese Antwortalternative vorschlägt, sicherlich von allen Beteiligten – besonders den Chinesen – als negativ empfunden werden.

■ Lösungsstrategie

In dieser Situation ist es vor allem wichtig zu verstehen, dass Herr Kohn Guos Verhalten falsch interpretiert. Guo tut seinem deutschen Freund und Kollegen einen Gefallen, in dem er ihm hilft, schon zu einem sehr frühen Zeitpunkt des Chinaaufenthalts wichtige Kontakte zu verschiedensten Personen herzustellen. Auch wenn durch den großen Rahmen, in dem das Essen stattfindet, das Bedürfnis nach einem Austausch zu zweit nicht befriedigt werden kann, so hätte Herr Kohn doch gut daran getan, während des Essens so viele Gespräche wie möglich zu führen, mit der Absicht herauszufinden, welcher Kontakt ihm später vielleicht einmal von Nutzen sein könnte. Dabei sollte man auch das in China ritualisierte Austauschen von Visitenkarten nutzen und sich eine eigene Akte mit den gesammelten Visitenkarten anlegen. Hilfreich ist es auch, die Visitenkarten direkt nach dem Treffen mit ein paar Stichworten zu versehen, die einem die Einordnung des Kontakts auch nach Monaten noch ermöglichen. Es wird in China nicht als merkwürdig angesehen, wenn man sich ein halbes Jahr später bei einem Kontakt meldet und auf ein von einem gemeinsamen Freund arrangiertes Essen verweist, bei dem man sich kennen gelernt hat.

Kulturelle Verankerung des Guanxi-Systems

Nach Auffassung der Chinesen stehen politische und soziale Ereignisse im Staat und in der Gesellschaft in enger Beziehung zu den kosmischen Abläufen des Himmels und der Natur. Man stellt sich ein umfassendes Beziehungsnetz von sich gegenseitig beeinflussenden Wirkkräften vor, die eine soziale und kosmische Harmonie bewirken. Diesen Vorstellungen liegt das Konzept von Yin und Yang zugrunde. Durch gegenseitige Bereicherung und Ergänzung sowie durch die produktiven Beziehungen der verschiedenen Kräfte in der Gesellschaft, beispielsweise der Beamten und des Kaisers, wird dieses harmonische System gestützt.

Philosophisch wurde dieses Konzept der Himmelsphilosophie und Staatsphilosophie vor allem durch den Philosophen Dong Zhongshu in der Han-Zeit (ca. 206 v. d. Z.–220 n. d. Z.) ausgebildet. Diese Zeit wurde auch als das »Goldene Zeitalter Chinas« betrachtet, da sich in ihr die wesentlichen philosophischen Richtungen und Staatspolitischen Ideologien von Daoismus, Konfuzianismus und Legalismus ausbildeten.

Jeder Chinese befindet sich heute in einer ganzen Reihe von Beziehungsnetzen, die verschiedene Grundlagen haben und unterschiedliche Loyalitäten enthalten. Das primäre Beziehungsnetz ist die eigene Familie. Diese kann erweitert werden durch die gemeinsame Herkunft (tongxiang), wobei der gemeinsame Dialekt, der Besuch derselben Schule (tongxiao) oder auch der gemeinsame Familienname (tongxing) den Zusammenhalt bestimmen.

Mit Einführung des maoistisch-kommunistischen Gesellschaftssystems sind dem traditionellen Guanxi-System noch weitere Kategorien hinzugefügt worden wie der zeitgleiche Parteieintritt (der das Bestimmungselement in der Parteihierarchie darstellt), der Besuch derselben Parteischule oder die »Waffenbrüderschaft« im Befreiungskampf (gleiche Armeeeinheit). Auf diesen sehr zentralen Bestimmungskategorien beruhen die Beziehungen verschiedener Personen und verpflichten sie zur gegenseitigen Loyalität.

Durch langjährige Freundschaften und natürlich auch durch Geschäftsbeziehungen können neue Guanxi aufgebaut werden, wobei sich diese Beziehungen oft auf der Basis der genannten Kategorien entwickeln und festigen.

Hat ein Chinese Interesse am Aufbau einer solchen engen Beziehung, ist aber eine entsprechende Basis zur Entwicklung von Guanxi nicht vorhanden, so wird nicht selten ein Vermittler eingeschaltet, der mit beiden Partnern Beziehungen aufnimmt, wodurch die erwünschte Guanxi über ihn hergestellt wird und Bestand erhält.

Aus heutiger Sicht lässt sich feststellen, dass dieses Konzept womöglich eher für eine relativ abgeschlossene und statische Feudalgesellschaft angemessen ist, nicht aber für eine dynamische, offene, moderne Gesellschaft. Mit zunehmender Einbindung Chinas in die Weltwirtschaft wird es auch für Chinesen immer wichtiger, mit fremden Geschäftspartnern Kontakt aufzunehmen; und natürlich werden solche Geschäftsbeziehungen häufig wechseln. Man kann aber beobachten, dass nach wie vor für Chinesen die Erwartung besteht, dass im Vordergrund der Beziehung der gegenseitige Austausch und Nutzen stehen soll.

Plannerer

Themenbereich 6: Bürokratie

Beispiel 16: Wechselnde Verhandlungspartner

Situation

Herr Franzen führt in China immer wieder Verhandlungen über verschiedene Großprojekte seiner Firma. Schon mehrmals, so klagt er, habe er erlebt, dass die Gespräche abgeschlossen schienen und auch bereits ein Termin für den Vertragsabschluss vereinbart worden sei.

»Ich kam dann mit unserer größeren oder kleineren Mannschaft zum abgesprochenen Termin, wo man uns mitteilte, dass die Verhandlungspartner entweder in Konferenzen oder krank seien oder man ähnlich fadenscheinige Ausreden benutzte. Nicht selten schien sich niemand mehr daran zu erinnern, dass bereits alles unterzeichnungsbereit war, und man fing an, alles mögliche wieder in Zweifel zu ziehen und neu aufzurollen. Meist saßen wir völlig neuen Partnern gegenüber, die keine Ahnung von der Materie oder den bisherigen Absprachen zu haben schienen, so dass die Verhandlung wieder von vorn begonnen werden musste, was uns schier den letzten Nerv raubte. Dabei habe ich mich oft ziemlich versetzt gefühlt.«

Welche möglichen Gründe für das hier geschilderte Verhalten und die wechselnden Verhandlungspartner können Sie sich denken?

- Lesen Sie nun die Antwortalternativen nacheinander durch.
- Bestimmen Sie den Erklärungswert jeder Antwortalternative

für die gegebene Situation und kreuzen Sie ihn auf der darunter befindlichen Skala entsprechend an. Es ist möglich, dass mehrere Antwortalternativen den gleichen Erklärungswert besitzen.

Deutungen

a) Eigentlich signalisierten die Chinesen damit eine Absage für das verhandelte Projekt. Eine solche direkt zu formulieren, wird als peinlich oder unhöflich empfunden. Man möchte daher erreichen, dass der deutsche Partner von sich aus vom Geschäft zurücktritt.

sehr zutreffend	eher zutreffend	eher nicht zutreffend	nicht zutreffend

b) Die ausgewechselten chinesischen Verhandlungspartner hatten einen Fehler gemacht, der einen Gesichtsverlust oder/und einen materiellen Nachteil bedeutet hatte, auch wenn dies den Deutschen nicht aufgefallen war. Die von ihnen erzielten Verhandlungsergebnisse waren daher nicht mehr akzeptabel, es musste neu verhandelt werden.

sehr zutreffend	eher zutreffend	eher nicht zutreffend	nicht zutreffend

c) Die Verhandlungspartner sind in ein weit verzweigtes Beziehungs-, Kompetenz- und Entscheidungsgefüge eingebunden, innerhalb dessen sie den Vertragsabschluss nicht allein vornehmen können und wollen.

sehr zutreffend	eher zutreffend	eher nicht zutreffend	nicht zutreffend

d) Die Verzögerungstaktik der Chinesen dient dem Ziel, noch günstigere Bedingungen herauszuschinden. Durch die wechselnden Verhandlungspartner versuchen sie, den Gegner zu verwirren und zu zermürben.

sehr zutreffend	eher zutreffend	eher nicht zutreffend	nicht zutreffend

- Versuchen Sie, Ihre Einstufung jeder Antwortalternative zu begründen. Halten Sie die Begründung in schriftlicher Form stichpunktartig fest.
- Lesen Sie nun die Erläuterungen zu jeder Antwortalternative und vergleichen diese mit Ihren eigenen Begründungen.

Bedeutungen

Erläuterung zu a):
Es ist richtig, dass eine direkte Absage möglichst vermieden wird und man stattdessen hofft, der Partner würde die verschlüsselte Botschaft verstehen. In dieser Situation ist der Grund für das Verhalten der Chinesen jedoch sicher ein anderer, denn Herr Franzen berichtet nichts über ein Scheitern dieser Projekte. Wäre das Interesse an dem jeweiligen Projekt insgesamt verloren gegangen, hätte man den Deutschen sicher nicht mitgeteilt, dass man sich dem Ziel sehr nahe sehe.

Erläuterung zu b):
Es mag vorkommen, dass einem chinesischen Mitglied der Verhandlungsdelegation (oder umgekehrt dem deutschen Team) ein peinlicher Fehler oder Missgriff passiert und deshalb ein Teil oder das gesamte chinesische Team ausgewechselt wird, um die durch Gesichtsverlust gestörte Harmonie wiederherzustellen. Man kann jedoch getrost ausschließen, dass dies geradezu mit Regelmäßigkeit geschieht, wie das hier von Herrn Franzen geschildert wird. Dem Vorgehen der Chinesen liegt eine völlig andere Ursache zugrunde, es handelt sich nicht um einen Fehlgriff bei den chinesischen Verhandlungsführern.

Erläuterung zu c):
Die Verantwortung für eine folgenreiche Entscheidung liegt in China kaum jemals bei einer einzelnen Person. Zum einen ist es ein Akt der Höflichkeit, weitere mit dem Projekt mehr oder min-

der befasste Personen mit einzubeziehen, um ihnen dadurch »Gesicht« zu geben, zum anderen ist es eine Absicherung, denn die Verantwortung wird so auf viele Personen verteilt. Man tut nur das, was auch die anderen gut geheißen haben. Oft geht es in solchen Fällen darum, alle anderen an einer Entscheidung beteiligten administrativen, politischen, technischen und firmenpolitischen Parteien einzubeziehen, um dann zwischen diesen einen Konsens zu dem geplanten Projekt herzustellen.

Erläuterung zu d):
Diese Antwort ist nicht immer ganz falsch, wenn auch die Einstufung als absichtliches Verwirren und Zermürben recht hart gewählt ist. Es ist meist keine böse Absicht oder Taktik, wenn es in China nur zäh vorangeht. Die bei den Deutschen auftretende Zermürbung und Verwirrung ist eher so etwas wie ein zufälliger, für die Chinesen glücklicher Nebeneffekt.

- Beantworten Sie für sich folgende Frage: Wie würden Sie sich in einer vergleichbaren Situation verhalten?
- Halten Sie Ihre Überlegungen stichpunktartig in schriftlicher Form fest.

■ Lösungsstrategie

Wichtige Entscheidungen müssen in China von allen davon betroffenen Personen mitgetragen und verantwortet werden. Diese Art der Verantwortungsdiffusion ist längst institutionalisiert, sie hat sich in den wechselhaften Zeiten des kommunistischen Regimes bestens bewährt und wird auch unter dem Namen »Bürokratie« geführt. Es kann in unserem Fall also sein, dass einige Verhandlungsrunden von in der Sache kompetenten Mitarbeitern geführt wurden und nun eine politische Entscheidungsebene ihr Einverständnis geben und ihre Interessen klären muss. Wie viele solcher Ebenen durchlaufen werden müssen, lässt sich nur schwer vorhersagen, es hängt davon ab, wie weit »oben« sie beginnen, wie groß und bedeutend die Sache für die Chinesen ist, ob alle dieselben Interessen verfolgen oder ob es Interessenkonflikte gibt. Nur selten werden neue Verhandlungspartner erscheinen, weil man mit den Ergebnissen der Vorgänger nicht zufrieden ist. Vielmehr bringen neue Personen ihre eigenen Kompetenzen und Interessen mit, weshalb mitunter alte Positionen und Vereinbarungen neu geklärt werden müssen. Sie sind nicht von vornherein an die bisherigen Vereinbarungen gebunden, und ihre Unkenntnis derselben ist nicht immer echt. Die einzelnen Verhandlungsergebnisse werden hinter verschlossenen Türen mit den anderen (chinesischen) Parteien abgestimmt, und es wird versucht, einen Konsens herzustellen, was viel Zeit in Anspruch nimmt. Das kann ein zermürbendes Verhandeln bedeuten, das Ihnen jedoch nur noch halb so viel anhaben kann, wenn Sie wissen, was außerhalb der gemeinsamen Sitzungen vor sich geht.

Versuchen Sie bei Verhandlungen über Schlüsselpersonen möglichst hoch oben in der Hierarchie anzufangen. Pflegen Sie die persönlichen Kontakte, etwa durch Einladungen zum Essen. Sie sind nicht ganz billig und sollten das auch nicht sein, aber sie wirken oft Wunder.

Haben Sie Geduld, versuchen Sie nicht, Druck auszuüben, denn Sie sitzen meist am kürzeren Hebel. Vermeiden Sie zu zeigen, dass Sie unter Druck geraten. Preschen Sie nicht vor, indem Sie den Punkt bestimmen, von dem aus weiter verhandelt werden soll. Gleichwohl können Unterlagen hilfreich sein, die bisher erreichte Positionen festhalten und dabei überprüfen helfen, ob beide Seiten wirklich dasselbe meinen. Sie sollten nicht versuchen, die nachfolgenden Schritte zu diktieren, aber Vorschläge machen und ihnen wichtige Punkte aufzeigen, kann nützlich sein. Anhand dessen, was von solchen Vorschlägen aufgegriffen oder nicht aufgegriffen wird, können beachtenswerte Rückschlüsse auf für den chinesischen Verhandlungspartner wichtige und problematische Punkte sowie auf seine Strategie gezogen werden.

Als Faustregel gilt dabei, dass Wichtiges und erst recht Problematisches zum Schluss kommt! Am Anfang steht die Betonung des allgemeinen Interesses sowie der bisher erzielten Fortschritte. Mit dem Verhandeln scheinbarer Nebensächlichkeiten, mit einem verwirrenden, scheinbar unsystematischen thematischen Hin- und Herspringen wird viel Zeit vertan, ohne auf die nach deutschem Empfinden wesentlichen Schlüsselthemen zu kommen.

Nehmen Sie sich die Zeit herauszufinden, auf welcher Hierarchieebene sich Ihre momentanen Verhandlungspartner befinden, welche Interessen sie vertreten und welche Entscheidungskompetenzen ihnen zukommen. Davon sollten Sie es abhängig machen, welche Inhalte Sie in diesem Kreis überhaupt verhandeln. So vermeiden Sie, sich mit Punkten aufzuhalten, zu denen das zusammengetretene Gremium eventuell gar keine Sach- und Entscheidungskompetenz hat.

Vermeiden Sie es, alle wichtigen und interessanten Informationen (ohne Gegenleistung) herauszugeben und dies womöglich noch zu einem frühen Zeitpunkt. Wenn Sie die Karten offen auf den Tisch legen, sollten Sie wenigstens sicher sein, dass Sie es bei den richtigen Partnern und zur rechten Zeit tun.

■ Beispiel 17: Einschlafen beim Meeting

■ Situation

»Nachdem ich mich in meinen Bereich hier in China eingearbeitet hatte und mir auffiel, wie neugierig meine etwa 300 chinesischen Mitarbeiter bezüglich meiner Person und meiner Aufgabe waren, beschloss ich, an einem Samstagnachmittag ein Meeting einzuberufen, um mich und meine Arbeit vorzustellen. Nun saßen wir in unserem großen Sitzungssaal den Mitarbeitern gegenüber, und mein chinesischer Stellvertreter las seine schon lange vorbereitete Rede, die fast alles beinhaltete, was ich vorab mit ihm besprochen hatte, fein säuberlich vom Blatt ab. Auf mich wirkte die Art und Weise seines Vortrags wie etwas Heruntergebetetes in der Kirche. Zudem fiel mir zu meinem Entsetzen auf, dass die Gesichter der Chinesen immer teilnahmsloser wurden, ihre Köpfe fielen immer weiter nach vorn, und einige hatten schon keine Hemmungen mehr, den Kopf auf den Tisch zu legen und zu schlafen. Ich überlegte während der Rede meines Stellvertreters, was ich eigentlich noch erzählen könnte. Mittlerweile schlief schon die halbe Mannschaft, und plötzlich war ich an der Reihe. Ich stand bewusst laut und polternd auf, schaute in die Runde und sagte nichts. Es war totenstill. Alle noch nicht Eingeschlafenen schauten mich erwartungsvoll an. Ich wartete, was nun passieren würde, aber es passierte nichts. Um die Mannschaft zu wecken, sagte ich schließlich: ›Ich bin heute Nachmittag freiwillig hier, es ist meine Freizeit. Natürlich haben Sie eine harte Woche hinter sich, und die letzten beiden Stunden waren auch nicht einfach. Aber trotzdem bitte ich Sie, meinen Ausführungen noch zuzuhören. Wer nicht zuhören möchte, der sollte jetzt bitte gehen.‹ Mein Übersetzer schaute mich mit großen Augen an, worauf ich ihm sagte, dass er genau das übersetzen solle. Allmählich wurden tatsächlich einige Leute wach, andere jedoch schliefen seelenruhig weiter. Nun ging ich einen Schritt weiter und zeigte mit dem Finger auf einige Leute und sagte: ›Also, wenn Sie meinen, Sie könnten hier schlafen, dann gehen Sie jetzt bitte.‹ Zu meinem Erstaunen blieben aber alle sitzen und lachten.«

Warum waren die chinesischen Mitarbeiter so desinteressiert, haben geschlafen oder haben auf die Bemerkung des Deutschen hin nur gelacht, aber den Raum nicht verlassen?

- Lesen Sie nun die Antwortalternativen nacheinander durch.
- Bestimmen Sie den Erklärungswert jeder Antwortalternative für die gegebene Situation und kreuzen Sie ihn auf der darunter befindlichen Skala entsprechend an. Es ist möglich, dass mehrere Antwortalternativen den gleichen Erklärungswert besitzen.

Deutungen

a) Der Übersetzer hat die Worte des Deutschen nicht wahrheitsgetreu übersetzt und einen Witz eingeflochten.

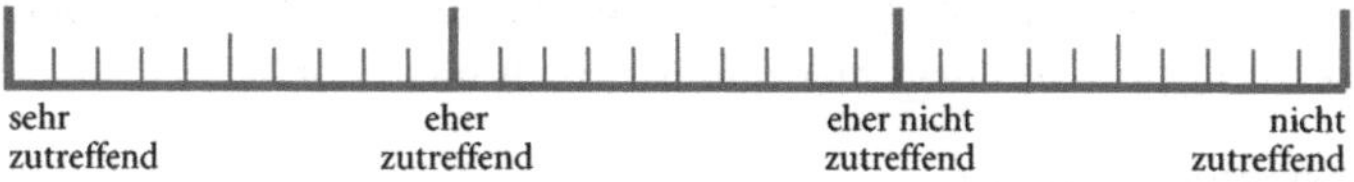

b) Die Arbeiter stammen aus sehr einfachen Verhältnissen, sie sind ungebildet und wissen nicht, was sich gehört. Jede chinesische Führungskraft weiß das und stört sich nicht weiter daran.

sehr zutreffend	eher zutreffend	eher nicht zutreffend	nicht zutreffend

c) Die Mitarbeiter verstanden gar nicht, warum der Deutsche noch sprach, wenn doch schon alles vom chinesischen Stellvertreter gesagt worden war.

sehr zutreffend	eher zutreffend	eher nicht zutreffend	nicht zutreffend

d) Die Mitarbeiter haben sich so verhalten, wie sie es bei Reden dieser Art gewohnt waren.

sehr zutreffend	eher zutreffend	eher nicht zutreffend	nicht zutreffend

- Versuchen Sie, Ihre Einstufung jeder Antwortalternative zu begründen. Halten Sie die Begründung in schriftlicher Form stichpunktartig fest.
- Lesen Sie nun die Erläuterungen zu jeder Antwortalternative und vergleichen diese mit Ihren eigenen Begründungen.

■ Bedeutungen

Erläuterung zu a):
Es gibt keinen Grund zu einer solchen Annahme. Der Übersetzer hat mit großer Wahrscheinlichkeit die Worte des Deutschen wahrheitsgetreu übersetzt. Er hat ja – wie berichtet – den Deutschen mit großen Augen angeschaut, weil er sich noch einmal vergewissern wollte, ob er tatsächlich diese Aufforderung in der vom Deutschen vorgetragenen Weise übersetzen sollte. Ein Übersetzungsproblem liegt hier offensichtlich nicht vor.

Erläuterung zu b):
Es mag sein, dass die Arbeiter aus einfachen Verhältnissen kommen, ihr Verhalten hat aber nichts mit schlechtem Benehmen zu tun, ebenso wenig die Duldung des Päuschens durch den chine-

sischen Abteilungsleiter mit Resignation und weiser Erhabenheit über die Befriedigung menschlicher Grundbedürfnisse. Einen Hinweis, dass die Arbeiter aus einfachen Verhältnissen kommen oder in solchen leben, gibt allenfalls die Tatsache, dass sie müde sind, weil sie womöglich nachts in den heißen, kleinen Räumen oder auf der lauten, staubigen Straße nicht genügend Schlaf bekommen. Jeder, der das weiß, mag weise genug sein, in solchen Situationen ein Auge zuzudrücken.

Erläuterung zu c):
Diese Antwort hat zwar einiges für sich, ist aber so nicht ganz richtig. Die chinesischen Mitarbeiter wussten, dass sich der Deutsche selbst bei ihnen vorstellen und etwas über seine Person und seine Aufgaben sagen wollte. Sie gingen sicher davon aus, dass die Rede des chinesischen Stellvertreters diese Informationen nicht einfach abdeckte, so dass der deutsche Vorgesetzte lediglich Wiederholungen präsentieren würde.

Erläuterung zu d):
Ja, diese Antwort erklärt den Sachverhalt am besten. Bereits im klassischen China, aber insbesondere während der Herrschaft der kommunistischen Partei, gab und gibt es regelmäßige Versammlungen, in denen sich die Beamten und Kader über die neuen Richtlinien und das richtige, regierungstreue Verhalten aufklären lassen müssen. Auch in den Staatsbetrieben hat sich diese Tradition erhalten. Während solcher Betriebsversammlungen sitzen die Teilnehmer meist passiv herum, trinken eine Tasse Tee und müssen geduldig Vorträge oder monologartige Diskussionsbeiträge über sich ergehen lassen. Die Zuhörer und Vortragenden wissen, dass solche Vorträge langweilig und einschläfernd sind, da sie meist nur aus dem Herunterbeten von Standpunkten und politischen Parolen bestehen.

- Beantworten Sie für sich folgende Frage: Wie würden Sie sich in einer vergleichbaren Situation verhalten?
- Halten Sie Ihre Überlegungen stichpunktartig in schriftlicher Form fest.

Lösungsstrategie

Der deutsche Firmenchef hat durchaus richtig reagiert. Im Unterschied zu der Rede seines chinesischen Stellvertreters und der sonst bei Betriebsversammlungen üblichen langwierigen, nichtssagenden und »einschläfernden« Reden wollte der deutsche Chef eine persönlich gehaltene und informative Ansprache an seine chinesischen Mitarbeiter halten. Dazu forderte er alle zur Aufmerksamkeit auf. Dass auf einer solchen Betriebsversammlung auch Interessantes und Beachtenswertes vorgetragen würde, war den chinesischen Mitarbeitern völlig fremd. Auf diese Situation mussten sie sich erst einstellen.

Besonders die Kulturrevolution war eine einzige Abfolge von Versammlungen, in denen Mao, die kommunistische Partei, Erfolge und Fortschritte gepriesen wurden oder in denen Anwesende der Kritik durch die Partei ausgesetzt wurden und Selbstkritik zu üben hatten. Für viele Chinesen hieß damals das wichtigste Wort »Kaihui«, der chinesische Ausdruck für Versammlung. Da auch heute auf den Betriebsversammlungen staatlicher Unternehmen oft nur bedeutungslose Phrasen gedroschen werden, ist es keineswegs ungewöhnlich, dass ein Teil der Leute schläft» Dies empfindet niemand als entehrend oder beleidigend für den Vortragenden, der seine Tätigkeit selbst als Pflicht empfindet, der Genüge getan werden muss. Alle sind verpflichtet, an den Sitzungen teilzunehmen, aber man interessiert sich nicht persönlich für das, was dort passiert. Die Vortragsweise des chinesischen Stellvertreters hat den anwesenden Mitarbeitern gezeigt, was sie von dieser Sitzung zu erwarten hatten, und sie haben sich entsprechend – schlafend – darauf eingestellt.

Die Aufforderung des deutschen Abteilungsleiters, ihm entweder zuzuhören oder den Raum zu verlassen, passte nicht in das gewohnte Schema und wurde von den Mitarbeitern mit Lachen und Strammsitzen quittiert. Aufgrund der traditionellen Regeln und Verhaltensgewohnheiten bei derartigen Betriebsversammlungen wäre kein chinesischer Mitarbeiter auf die Idee gekommen, auf die Bemerkung des Ausländers hin den Raum zu verlassen. Der deutsche Chef unterstellt mit dieser Aufforderung den Chinesen, dass sie weitgehend frei entscheiden könnten, seinen Ausführungen zu folgen oder den Raum zu verlassen. Die chinesischen Mitarbeiter waren damit völlig überfordert, da sie solche Entscheidungen nie selbst zu treffen hatten und auch nicht bereit gewesen wären, die Verantwortung dafür zu übernehmen. Den Raum zu verlassen, wäre als Unverschämtheit erschienen, ein solcher Verstoß gegen die guten Sitten wäre völlig undenkbar. Beginn und Ende einer solchen Veranstaltung werden durch den Vorsitzenden bestimmt.

Der deutsche Abteilungsleiter hätte in einer vorherigen Absprache mit seinem chinesischen Stellvertreter einen zeitlichen Rahmen für dessen Vortrag vereinbaren müssen. Er hätte Wert darauf legen sollen, dass den Firmenmitarbeitern zu Beginn der Versammlung der Ablauf und die dafür vorgesehenen Zeiten mitgeteilt werden. Auf diese Weise hätte er erreichen können, dass die Mitarbeiter seiner Rede mit mehr Aufmerksamkeit gefolgt wären. Er hätte, statt die Schlafenden des Raums zu verweisen, darauf aufmerksam machen können, dass er in Zukunft erwarte, dass bei Veranstaltungen dieser Art alle aufmerksam zuhören. Ob das allein schon bei der nächsten Versammlung durchschlagenden Erfolg gehabt hätte, bleibt jedoch fraglich.

■ Kulturelle Verankerung von »Bürokratie«

Die Größe des Landes erforderte schon in historischen Zeiten eine straffe zentrale Regierung und die Konzentration einer Überfülle an politischer Macht im Zentrum der Hauptstadt. Daraus ergaben sich spezifische Probleme, die mit Hilfe einer stark ausgeprägten Bürokratie gelöst werden sollten.

An der Spitze der Hierarchie stand mit nominell unumschränkter Macht der Kaiser, der mit seiner Politik den Willen des Himmels ausführte. Der Kaiser war umgeben von einem Beamtenstab, der ihn informierte und zu seinen eigenen Gunsten zu beeinflussen versuchte. Da die kaiserliche Nachfolge in China nicht erblich geregelt war wie in westlichen Monarchien, spielten die 65 Konkubinen des Kaisers eine große Rolle im Machtspiel.

Die Konkubinen versuchten, mit Hilfe von Hofintrigen ihre Kinder in die Kaiserposition zu bringen, damit ihre Familie zur bestimmenden Macht am Hofe wurde. Unterstützt wurden die Konkubinen durch die Eunuchen, die für sie zu sorgen hatten. Auch die Eunuchen versuchten, direkten Einfluss auf den Kaiser auszuüben, da sie über die normale Beamtenkarriere keine Macht gewinnen konnten. Als Konsequenz stand der Kaiser somit an einer zentralen Position in einem oft sehr intrigant arbeitenden Kräftefeld. Um die geschilderten Einflüsse durch die Konkubinen und Eunuchen auf den Kaiser zu regulieren und ihn vor unerwünschten Einflüssen zu bewahren, wurde eine starre, nach festen Riten und Regularien arbeitende Bürokratie mit einem ausgedehnten Beamtenstab geschaffen. Dieses System ist vom Konzept des so genannten »Legalismus« beeinflusst, das seine Befürworter bereits im 3. bis 4. Jahrhundert v. d. Z. erfanden.

Aus der Notwendigkeit heraus, den Staat bis in die letzten Winkel des Landes zentral zu verwalten, entstand die außerordentlich wichtige Stellung des Kaisers im staatspolitischen und staatsphilosophischen Konzept Chinas. Der Kaiser als Sohn des Himmels vertrat den Willen des Himmels durch seine weltliche Herrschaft, und dieses Konzept ist im Wesentlichen auf die im 7. bis 9. Jahrhundert v. d. Z. ausgebildete konfuzianische Ideologie zurückzuführen.

Wird der Wille des Himmels verletzt, kommt es zu Chaos im Land, und der Kaiser muss durch einen anderen ersetzt werden. Die umfangreiche Beamtenschaft muss also die Durchsetzung des Willens des Himmels in allen Teilen des Landes garantieren. Da die Beamten besonders in den Randgebieten Chinas in der Lage waren, ihre eigene Politik zu verfolgen und eigene Machtzentren auszubilden, wurden sie selbst wieder durch direkt dem Kaiser unterstellte Beauftragte kontrolliert.

Was die zentrale Stellung der Führerfigur und die gewaltige Aufgabe der zentralen Verwaltung eines solch großen Landes angeht, so sieht sich das heutige China vor ganz ähnliche Probleme gestellt wie in seiner Vergangenheit. Nach chinesischer Vorstellung sind nur starke, mit Macht ausgestattete einzelne Persönlichkeiten im Zentrum der Macht in der Lage, das Land zusammenzuhalten, selbst wenn sie, wie Deng Xiao Ping oder Mao Zedong, formell kein Amt innehaben. Die persönlichen Einflussnahmen und Beziehungen im engeren Führungszirkel sind für den Erhalt der politischen Macht von besonderer Bedeutung. Die von der Einheitspartei beherrschte Bürokratie arbeitet außerordentlich langsam und umständlich, da sie aus einem komplizierten, hierarchisch strukturierten Machtgefüge besteht, in dem jeder Vorgang genau festgelegte Entscheidungs- und Informationswege zu durchlaufen hat. Gerade mit der Entwicklung ökonomisch besser gestellter Regionen in China (Wirtschaftssonderzonen) wächst neuerdings wieder die Gefahr der Ausbildung peripherer Machtzentren, die eine Bedrohung der Zentralmacht darstellen könnten.

Die Volksrepublik China hat in ihrer kurzen Geschichte immer wieder Kampagnen zur Kritik am Bürokratismus erlebt, und sogar die Kulturrevolution (1966–1976) nahm ihren Anfang in einem Aufruf zur Kritik an den erstarrten bürokratischen Kräften innerhalb der Partei. Diese Kritik bezog und bezieht sich jedoch immer auf die Erschwernisse und die Ineffektivität in der Ausführung von Verwaltungstätigkeiten durch eigenmächtiges Handeln oder bewusstes Verzögern politischer Entscheidungen. Die institutionalisierten bürokratischen Verwaltungsprozeduren selbst wurden demgegenüber nie in Frage gestellt.

Plannerer

Themenbereich 7: Regelrelativismus

Beispiel 18: Kundenorientierung

Situation

Obwohl sich Herr Xanter bei der Wahl seines Schneiders auf die Empfehlung eines erfahrenen Kollegen verlassen hatte, entwickelte sich das Geschäft nicht so reibungslos wie erwartet. Beim Maßnehmen, der Auswahl der Designs, Stoffe und der Beratung gewann Herr Xanter einen professionellen Eindruck: Sehr gewissenhaft und ausgesprochen freundlich war man mit ihm umgegangen. Doch bei der Anprobe stimmte fast nichts. Kein Gedanke daran, die fertigen Anzüge einfach mitnehmen zu können. Hier zu weit, da zu eng. Den Schneider schien das jedoch in keinster Weise zu verunsichern, keine Spur von Peinlichkeit oder Schuldbewusstsein. Freundlich und beflissen nahm er Änderungswünsche wie selbstverständlich auf. Beim zweiten Termin glaubte Herr Xanter dann doch, etwas weniger gelassen auftreten zu müssen, befürchtete er doch, hier nicht ernst genommen zu werden. Denn wieder war die Bestellung nicht fertig und abholbereit. Doch man behandelte ihn weiterhin äußerst zuvorkommend, wie einen alten Freund des Hauses. Wieder und wieder besprach man Schnitt und Variationsmöglichkeiten, fragte, ob er nicht lieber dieses so oder anders haben möchte. Er hatte Mühe, sich auf diese immer neuen Diskussionen einzulassen. Wozu hatte er sich denn anfangs überlegt und genau ausgeführt, was er wie haben wollte! Doch man versicherte ihm, alles sei bestens und schon morgen könne er seine Anzüge haben. Es klappte fast, zwei Anzüge kamen noch mal etwas später. Dem Ausdruck, man habe in ihm hoffentlich einen weiteren zufriedenen Kunden gewonnen, der die Qualität zu schätzen wisse, wollte er aus Höflichkeit nicht widersprechen.

■ Deutungen

a) Herr Xanter hat ein Unternehmen ausgewählt, das einen guten Ruf und viel zu tun hat. Da er über eine Empfehlung kam, wollte man ihm nicht absagen, sondern bemühte sich, trotz der Auftragslage auch seinen Wunsch zu erfüllen. Leichte Verzögerungen mussten da in Kauf genommen werden.

sehr zutreffend	eher zutreffend	eher nicht zutreffend	nicht zutreffend

b) Man bemüht sich um den Kunden genau dadurch, dass man flexibel auf seine Wünsche eingeht. Das gelingt am besten, wenn man sich während der diversen Treffen über die Möglichkeiten der Gestaltung austauscht und das Produkt schrittweise gemeinsam entwickelt. So lernt man Wünsche, Anforderungen und Geschmack des Kunden und den Kunden selbst am besten kennen, bildet Vertrauen und erreicht eine gute Kundenbindung.

sehr zutreffend	eher zutreffend	eher nicht zutreffend	nicht zutreffend

c) Herr Xanter machte den Fehler, nicht zu betonen, wer ihm dieses Unternehmen empfohlen hatte. Man behandelte ihn daher nicht als wichtigen Kunden.

sehr zutreffend	eher zutreffend	eher nicht zutreffend	nicht zutreffend

d) Termintreue hat in China immer noch eine andere Bedeutung als in Deutschland. Ein paar Tage später oder eben nur ein Teil der Lieferung pünktlich gelten als durchaus akzeptabel.

sehr zutreffend	eher zutreffend	eher nicht zutreffend	nicht zutreffend

Bedeutungen

Erläuterung zu a):
Es kann durchaus sein, dass das Auftragsaufkommen mit verantwortlich war für einen Teil der Verzögerungen. Aber warum die Umsetzung der Spezifikationen nicht gleich wie besprochen klappt, lässt sich damit nicht erklären. Außerdem wäre dann ein Hinweis auf diese Situation und eine mögliche Verzögerung von Herrn Xanter als professionell empfunden und erwartet worden. Vielleicht gab es sogar solche Hinweise, die jedoch von Herrn Xanter nicht gehört oder nicht so verstanden worden waren. Dass nur die Empfehlung hier verhindert hat, dass man dem Kunden absagt, ist jedoch äußerst unwahrscheinlich.

Erläuterung zu b):
Dies erklärt am besten, warum man sich jedes Mal mit ausgesuchter Höflichkeit und mit aller gebotenen Sorgfalt Zeit nimmt für die Wünsche des Kunden. Sowohl eigene Verbesserungsvorschläge als auch die flexible Erfüllung von Kundenwünschen können so umgesetzt werden. Natürlich erfüllt dieses Vorgehen auch alle Voraussetzungen für eine konfliktvermeidende Verschleierung von Vorkommnissen oder Gegebenheiten, die man dem Kunden nicht unbedingt in einer als unhöflich empfundenen, allzu direkten Art unter die Nase reiben möchte.

Erläuterung zu c):
Diese Erklärung darf eher als falsch betrachtet werden. Es wird zwar nicht explizit gesagt, ob Herr Xanter von der Empfehlung und seinem Kontakt berichtete. Es ist jedoch davon auszugehen, dass die chinesischen Mitarbeiter des Unternehmens nicht versäumt haben, Herrn Xanter zu fragen, wie er auf ihr Unternehmen gestoßen sei, was er in China mache, mit wem er zu tun habe, was er beruflich mache und so weiter.

Erläuterung zu d):
Es ist sicherlich richtig, dass Termine in China nicht so streng eingehalten werden wie in Deutschland, vor allem wenn es zum Beispiel um die Präsentation von Zwischenergebnissen geht – wie es in dieser Situation bei der Anprobe der Fall gewesen ist. Aber auch bei finalen Abgabeterminen werden Verzögerungen in China eher akzeptiert als in Deutschland.

■ Lösungsstrategie

Eine goldene Regel bei Geschäftsabschlüssen, aber auch bei allen anderen Terminabsprachen ist, dass man mehr Zeit einplanen sollte, als eigentlich für das Projekt notwendig ist. Eine Dehnung der Lieferfrist bis zum Äußersten ist in China durchaus üblich, was teilweise an der Organisation von Arbeitsabläufen liegt, in jedem Fall aber auch an einem grundsätzlichen Verständnis von Fristen. Gerade noch rechtzeitig ist in China eben vor allem eins, nämlich *rechtzeitig*, und damit völlig in Ordnung.

Sicherlich kann empfohlen werden, bei Terminaufträgen ausdrücklich zu betonen, dass die Ware bis zu einem bestimmten Termin geliefert sein muss und eventuell auch Gründe vorschieben, warum es bei dieser Frist keinen Aufschub geben kann. So ist es manchmal doch überraschend, dass Aufträge, bei denen zum vereinbarten Abholungstermin noch nichts stimmt, am nächsten Morgen noch kurz vor Abreise des Kunden fertig ins Hotel geliefert werden. Man sollte sich allerdings nicht darauf verlassen, dass das Setzen einer deutlichen Frist auch zum Erfolg führt. Außerdem sei angemerkt, dass hierbei die Regeln der Höflichkeit unbedingt einzuhalten sind. Wer seinem Gegenüber zu deutlich klar macht, dass man ihm unpünktliche Lieferung unterstellt, wird sich sicherlich nicht dessen Gunst verdienen. Viele westliche Geschäftsleute mit Erfahrungen in China nutzen Lieferverzögerungen geschickt, um die Preisverhandlungen erneut ins Rollen zu bringen.

Des Weiteren sei angemerkt, dass ein flexibler Umgang mit Fristen und Terminen bei Lieferungen nicht selten und im Fall der Präsentation von Zwischenergebnissen sehr häufig ist, dies aber nicht bedeutet, dass Chinesen auch bei Verabredungen oder Terminen für Meetings unpünktlich sind. Ganz im Gegenteil kann es in diesen Situationen sogar vorkommen, dass man bewusst etwas früher erscheint, um dem Gegenüber möglichst wenig seiner Zeit zu rauben.

Beispiel 19: Lieferverzögerung

Situation

Frau List berichtet: »Anny Huang kam aufgeregt zu mir gelaufen und sagte, bei der HEDI-Lieferung gebe es ein Problem. Anny Huang arbeitete bereits seit mehr als 15 Jahren als Einkäuferin für unsere Firma und galt als ›alter Hase‹. Ich war erst seit knapp drei Monaten dort. Zuständig für den Strategischen Einkauf leitete sie das Team.

›Welches Problem?‹ ›Die Ventilatoren können morgen nicht verladen werden‹, antwortete Anny Huang kurz. ›Warum nicht?‹, fragte ich erstaunt. Ich selbst hatte doch den Auftrag vor mehr als zwei Monaten unterschrieben. Und der Lieferant galt als sehr zuverlässig. Bei Lieferschwierigkeiten hätte er sich schon gemeldet. Ich bat Ms. Li dazu, die für die Buchung der Container zuständig war. Hatte sie vergessen, die Container rechtzeitig zu bestellen? Sie zuckte desinteressiert mit den Schultern, suchte dann die Buchungsbestätigung der Spedition hervor und legte sie mir wortlos auf den Tisch.

›Also, was hat der Lieferant gesagt? Warum kann er morgen nicht verladen?‹ Anny schwieg. ›Warum nicht? Wir haben doch vor zwei Monaten bestellt! Also?‹ Ich wollte nun wirklich wissen, was die Gründe waren, bekam aber keine Antwort. Stattdessen bestätigte Anny nur kurz, dass der Auftrag rechtzeitig geschrieben worden war. Erst als ich mir den Vorgang selbst vorgenommen hatte, fand ich heraus, dass keine Auftragsbestätigung des Lieferanten eingegangen war.

Nachdem der Spediteur einen Tag zuvor dem Lieferanten die bestellten Container gebracht hatte, meldete sich erstaunt eine

Mitarbeiterin des Lieferanten bei Anny, denn es lag ja kein Auftrag vor. Anny bemühte sich nun: ›Ich hab schon mal gefragt, wann sie liefern können. Aber . . .‹ Wenig später saßen Anny und ich im Auto und fuhren zum Lieferanten. Ich denke, dass, wenn ich mich nicht selbst darum gekümmert hätte, wir die Waren nicht doch noch rechtzeitig hätten verschiffen können.«

1. Warum wollte Anny Huang ihre Vorgesetzte nicht ausreichend unterrichten?
2. Warum behauptet Frau List, dass nur sie das Problem lösen konnte?

- Lesen Sie nun die Antwortalternativen nacheinander durch.
- Bestimmen Sie den Erklärungswert jeder Antwortalternative für die gegebene Situation und kreuzen Sie ihn auf der darunter befindlichen Skala entsprechend an. Es ist möglich, dass mehrere Antwortalternativen den gleichen Erklärungswert besitzen.

Deutungen

a) Anny Huang stellte sich taub, weil sie keinen Fehler in ihrem Vorgehen sah. Sie ist eine routinierte Einkäuferin und hat ihre Arbeit im Griff. Sie muss sich nicht rechtfertigen, indem sie im Vorgang nach den Ursachen sucht.

sehr zutreffend	eher zutreffend	eher nicht zutreffend	nicht zutreffend

b) Anny Huang antwortete nicht, weil ihre Vorgesetzte ihr unterstellte, einen Fehler begangen zu haben. Dadurch dass ihre Vorgesetzte sie zur Rede stellte, nahm sie Anny das Gesicht. Peinlich war auch, dass Kollegin Li involviert worden ist.

sehr zutreffend	eher zutreffend	eher nicht zutreffend	nicht zutreffend

c) Anny Huang erschien die Ursachenforschung unnötig. Wichtiger war es, die Vorgesetzte noch rechtzeitig zu unterrichten, damit diese selbst Kontakt zum Lieferanten aufnimmt und das Problem löst.

sehr zutreffend	eher zutreffend	eher nicht zutreffend	nicht zutreffend

d) Anny Huang wusste, dass sie es versäumt hatte, sich den Auftrag bestätigen zu lassen. Sie wollte jetzt bewusst ihren Fehler vertuschen, weil sie mögliche Konsequenzen fürchtete. Jetzt sollte doch nur das Problem behoben werden!

sehr zutreffend	eher zutreffend	eher nicht zutreffend	nicht zutreffend

- Versuchen Sie, Ihre Einstufung jeder Antwortalternative zu begründen. Halten Sie die Begründungen in schriftlicher Form stichpunktartig fest.
- Lesen Sie nun die Erläuterungen zu jeder Antwortalternative durch und vergleichen Sie diese mit Ihren eigenen Begründungen.

Bedeutungen

Erläuterung zu a):
Eine Trotzreaktion wäre möglicherweise denkbar. Allerdings wird Vorgesetzten in China prinzipiell mit Respekt begegnet. Ein solches Verhalten wäre daher nicht nur unhöflich, sondern auch nicht kulturadäquat.

Erläuterung zu b):
Ja, die Vorgesetzte provozierte einen Konflikt, indem sie nachbohrte und scheinbar Anny Huang bloßstellen wollte. Einen Fehler verschweigen ist in China akzeptabel, wenn dadurch die soziale Harmonie erhalten bleibt. Es ist daher nicht auszuschließen, dass Anny Huang eine Auseinandersetzung mit der Vorgesetzten vermeiden wollte.

Erläuterung zu c):
Diese Erklärung ist zutreffend. In China wird im Vorgesetzten die Person gesehen, die die alleinige Verantwortung trägt, Entscheidungen trifft und Probleme löst. Also erwartete auch hier die chinesische Mitarbeiterin, dass ihre deutsche Managerin aufgrund ihrer Position das Problem zu lösen hat. Mit subtilen Bemerkungen statt klarer Darstellung der Fakten wird dann zum Ausdruck gebracht, dass sich von hier an der Vorgesetzte um das Problem kümmern muss.

Erläuterung zu d):
Es ist nicht auszuschließen, dass Anny Huang ihren Fehler vertuschen wollte. Dennoch wird sie Konsequenzen weniger fürchten. Die Kontrolle der Arbeitsprozesse obliegt dem Manager beziehungsweise der Managerin. Die chinesische Angestellte zeigt keine Eigeninitiative und versteht sich wenig eigenverantwortlich. Das zählt auch nicht zu den Kompetenzen, die nach chinesischem Verständnis von ihr erwartet werden.

- Beantworten Sie für sich folgende Frage: Wie würden Sie sich in einer vergleichbaren Situation verhalten?
- Halten Sie Ihre Überlegungen stichpunktartig in schriftlicher Form fest.

■ Lösungsstrategie

Nach chinesischem Verständnis gab die Mitarbeiterin zwar subtil, aber ausreichende Informationen zum Sachverhalt. Ihre Aufgeregtheit und die Aussage, dass sie den Auftrag frühzeitig geschrieben hatte, waren genügend Auskunft über die Tatsache, dass sie einen Fehler begannen hatte und jetzt nur noch die Chefin die Sache retten konnte. Es ist nicht ungewöhnlich, dass in China auf bestehende Probleme oder Konflikte nicht direkt, sondern nur über nonverbale Zeichen, wie Gestik und Mimik, oder durch unvollständige oder auch verschlüsselte Aussagen hingewiesen wird.

Es ist ebenfalls nicht ungewöhnlich, dass die Mitarbeiterin keine Initiative ergreift und sachliche Lösungsvorschläge einbringt.

Die alleinige Entscheidungsbefugnis und Verantwortung liegt bei der Vorgesetzten. Von daher ist es richtig, dass nur sie persönlich das Problem lösen konnte. Dabei war es nur von Vorteil, Anny Huang mitzunehmen. Ihre langjährigen Beziehungen, den so genannten »Guanxi«, zum Lieferanten, erleichterten Frau List die Aufnahme der Verhandlungen.

Durch eine klare Arbeitsorganisation hätte ein oben skizziertes Problem vermieden werden können. Frau List war allerdings neu und vertraute sicherlich auf die Routiniertheit und Genauigkeit ihrer Mitarbeiterin Anny Huang.

In China muss jedoch ein Teamleiter strikt darauf achten, seine Kontrollaufgaben wahrzunehmen. Frau List hätte sich in ihrer Einarbeitungszeit für alle Bestellungen mehr interessieren, das heißt sie einzeln in ihren Arbeitsschritten mit den Mitarbeitern besprechen und kontrollieren sollen. Hierdurch hätte sie auch die Möglichkeit, Beziehungen und gegenseitiges Vertrauen aufzubauen. Denn Chefs in China sind persönliche Vorbilder. Anny Huang arbeitet also für die Person Frau List, von der sie erwartet, sie entsprechend anzuleiten. Diese Vorstellung entspräche zumindest der konfuzianischen Tradition.

Chefs sind darüber hinaus auch Integrationsfiguren. Somit hätte Frau List auch verstärkt dafür Sorge tragen müssen, dass die Kommunikation unter den einzelnen Zuständigkeiten funktioniert. Ms. Li hätte dann erst die Container bestellt, wenn die Auftragsbestätigung des Lieferanten vorgelegen hätte. Somit hätte sie nicht zum Problem Stellung nehmen müssen, ihrer Kollegin Anny Huang hätte dies wiederum eine Extra-Peinlichkeit erspart.

Aber über allen Aufgaben und der damit verbundenen Regeln und Verpflichtungen steht die Erwartung der Mitarbeiter an den Vorgesetzten beziehungsweise die Vorgesetzte, sich persönlich und namentlich einzusetzen, wenn es zum Konflikt oder Problem kommt.

Generell gilt: Wichtiger als noch so klar definierte Arbeitsanweisungen ist eine regulierend steuernde Autoritätsperson.

Beispiel 20: Vertragsabschluss

Situation

Die Geschäftsführung war mit Frau Reinhard sehr zufrieden. Im Rahmen eines gemeinsamen deutsch-chinesischen Großprojekts hatte sie als Delegationsleiterin in erstaunlich kurzer Zeit einen Vertrag über umfassende Weiterbildungsmaßnahmen mit den chinesischen Partnern ausgehandelt und unterschrieben. Bei der Vertragsunterzeichnung waren wichtige Parteivertreter dabei. Die Vertragsunterzeichnung fand in China sogar großes Interesse in den Medien. Der Vertrag legte den Ablauf und Inhalt der Weiterbildungsreihen detailliert fest, so auch die verfügbaren finanziellen Mittel und die jährliche Zahl von Teilnehmern, die im Rahmen der Maßnahme nach Deutschland reisen sollten.

Der erste Durchlauf des Trainingsprogramms sollte nur wenige Wochen nach der feierlichen Zeremonie starten. Frau Reinhard begann sofort mit den Vorbereitungen. Als sie nur einige Tage darauf die Mitteilung erhält, dass weitaus weniger Teilnehmer pro Jahr geschickt werden könnten und auch die Ausgaben erheblich gesenkt werden müssten, schwankt sie zwischen Enttäuschung und Ärger. Was hatte sie nicht darüber diskutiert! Zu allem Überfluss stellte die deutsche Geschäftsführung nun auch noch das Verhandlungsgeschick von Frau Reinhard in Frage.

Wie sollte man der Geschäftsführung diese Situation erklären?

- Lesen Sie nun die Antwortalternativen nacheinander durch.
- Bestimmen Sie den Erklärungswert jeder Antwortalternative für die gegebene Situation und kreuzen Sie ihn auf der darunter befindlichen Skala entsprechend an. Es ist möglich, dass mehrere Antwortalternativen den gleichen Erklärungswert besitzen.

Deutungen

a) Die aufgeblähte Zeremonie der Vertragsunterzeichnung sollte den deutschen Partner glauben machen, er habe seine Verhandlungsziele erreicht.

sehr zutreffend	eher zutreffend	eher nicht zutreffend	nicht zutreffend

b) Mit der Zeremonie der Vertragsunterzeichnung wollte die chinesische Seite der chinesischen Öffentlichkeit demonstrieren, wie wichtig, erfolgreich und international diese Arbeitseinheit (»Danwei«) ist.

sehr zutreffend	eher zutreffend	eher nicht zutreffend	nicht zutreffend

c) Mit der Zeremonie der Vertragsunterzeichnung wollte die chinesische Seite demonstrieren, welcher Stellenwert in der zukünftigen Zusammenarbeit gesehen wird. Deshalb waren die VIPs aus der Politik zugegen und das Medieninteresse so groß.

sehr zutreffend	eher zutreffend	eher nicht zutreffend	nicht zutreffend

d) Mit der Zeremonie der Vertragsunterzeichnung wurde von der chinesischen Seite ein wichtiges Symbol gesetzt, das auch für den weiteren, zukünftigen Erfolg bedeutsam ist.

sehr zutreffend	eher zutreffend	eher nicht zutreffend	nicht zutreffend

Bedeutungen

Erläuterungen zu a):

Selbst oder gerade wenn man unterstellt, dass die chinesische Seite Interessen verfolgt, die den deutschen zuwiderlaufen, wäre eine derartige öffentliche Schau oder gar das Vorführen des internationalen Partners äußerst unwahrscheinlich.

Erläuterungen zu b):
Es ist sicherlich richtig, dass hier auch die Bedeutung und der internationale Aspekt und Erfolg der geleisteten Arbeit dargestellt werden sollen. Es geht dabei jedoch kaum um die marketinggetriebene Selbstdarstellung einer Produktionseinheit oder »Danwei«.

Erläuterung zu c):
Die Politik nutzt und treibt solche Aktivitäten. An konkreten Beispielen kann so demonstriert werden, was die Politik will und tut. Dabei ist durchaus möglich, dass die allgemeine Bedeutung des Projekts insgesamt als wesentlich bedeutsamer erachtet wird als die einzelnen Vertragsdetails. Aber solche Details können, die entsprechende Beziehung zwischen den Partnern vorausgesetzt, jederzeit flexibel gehandhabt werden. Die Intention zählt mehr als das, was in den einzelnen Vertragsparagraphen steht.

Erläuterung zu d):
Die Symbolik der Vertragsunterzeichnung ist ein wichtiger Aspekt. Denn darin drückt sich sowohl die bis dahin geleistete Arbeit aus, insbesondere der gelungene Aufbau einer vertrauensvollen Partnerschaft, als auch der in der Zukunft erwartete Erfolg.

■ Lösungsstrategie

Zunächst ist es wichtig, die Erwartungen zu klären, mit denen Frau Reinhard in die Verhandlungen geht beziehungsweise von der Geschäftsführung geschickt wird. Sofern die Ziele auf einer rein sachlichen Ebene liegen, werden sie oftmals nur teilweise mit denen der chinesischen Seite kompatibel sein. Auf chinesischer Seite wird man zu Beginn einer Geschäftskooperation meist auch den Beziehungsaspekten eine große Bedeutung beimessen. Das bedeutet mitunter, dass sich Verhandlungen länger hinziehen können, als man das aus deutscher Sicht vorhersehen konnte. So erklären sich teilweise die Klagen, man komme nicht voran, obwohl alle Sachfragen auf dem Tisch lägen oder geklärt seien. Dass Frau Reinhard so schnell Fortschritte macht, deutet eher auf eine bereits befriedigende Vorarbeit, die im Rahmen des Gesamtprojekts geleistet worden sein mag. So konnte man auf chinesischer Seite davon ausgehen, dass hier ein partnerschaftliches Grundverständnis bereits geschaffen ist, die Symbolik der Unterzeichnung auch der deutschen Seite deutlich macht, dass man zufrieden ist und die Aushandlung einzelner Details flexibel erfolgen könne. Nicht nur wahrscheinlich, sondern ganz offensichtlich hat man keine vorausschauende Planung zu den Weiterbildungsaktivitäten gemacht, denn offenbar gibt es weder ein Budget, noch sind die Teilnehmergruppen im Vorfeld identifiziert. Priorität hatte auf chinesischer Seite nicht die Abarbeitung einer Aufgabenliste, wie sie vielleicht auf deutscher Seite hinter dem Vertrag stehen mag, sondern die Absicht, hier eine in diese Richtung gehende Weiterbildung aufzubauen.

Kulturelle Verankerung von Regelrelativismus

Das Konzept des Regelrelativismus, das heißt die situationsabhängige oder kontextbezogene Auslegung von Regeln basiert im Wesentlichen auf den schon mehr als tausend Jahre alten Grundvorstellungen konfuzianischer Ethik. Dreh- und Angelpunkt der konfuzianischen Ethik ist ein Gesellschaftsmodell in dem die Menschen durch ihre Beziehungen zueinander – namentlich die Beziehung zwischen Herrscher und Untertan, Vater und Sohn, Mann und Frau, älterer Bruder und jüngerer Bruder sowie Freund und Freund – bestimmt werden. Aus diesen Beziehung leitet sich wiederum ein System gegenseitiger moralischer Verpflichtungen ab. So sind zum Beispiel die Untertanen ihrem Herrscher gegenüber zu Loyalität verpflichtet, der Herrscher im Gegenzug zur Fürsorge.

Auf Grundlage dieses Gesellschaftsmodells entwickelte sich in China eine Ethik, deren Kern die sich aus den Beziehungen ergebenden moralischen Pflichten bilden. Diese Beziehungsethik steht im Widerspruch zum westlichen Moralverständnis mit seinen festen, kategorischen Regeln, deren Einhaltung zumeist ohne Ausnahme gefordert wird. Die einprägsamste konfuzianische Faustformel für moralisch richtiges Handeln – die so genannte Goldene Regel – unterscheidet sich genau in diesem Punkt von westlichen Ethiken, denn die Regel »Was du selbst nicht wünschest, das tue auch keinem anderen an« lässt sich nur kontextbezogen befolgen. An einigen Stellen in dem konfuzianischen Lehrwerk »Gespräche« finden sich auch konkrete Beispiele dafür, dass Konfuzius von seinen Schülern kein starres Handeln nach Regeln und Gesetzen verlangte, sondern ein Abwägen der Handlungsmöglichkeiten unter Berücksichtigung der Beziehungen und der sich daraus ergebenden moralischen Pflichten. So wird eine Situation geschildert, in der ein Fürst zu Konfuzius sagt: »Bei uns zulande gibt es ehrliche Menschen. Wenn jemandes Vater ein Schaf entwendet hat, so legt der Sohn Zeugnis ab gegen ihn.« Konfuzius soll daraufhin erwidert haben: »Bei uns zulande sind die Ehrlichen verschieden davon. Der Vater deckt den Sohn und der Sohn deckt den Vater. Darin liegt auch Ehrlichkeit.«

Für den chinesischen Alltag bedeutet dies, dass Regeln und Gesetze ganz selbstverständlich nicht als starres Gefüge betrachtet werden, sondern eher als Richtschnur. Ein Abweichen von bestehenden Regeln ist je nach Kontext nicht nur legitim sondern sogar erforderlich, um höhere Werte, wie zum Beispiel die soziale Harmonie, zu wahren. Offensichtlich wird das Konzept des Regelrelativismus schon im alltäglichen Straßenverkehr in China. Nicht nur für europäische Betrachter geht es hier chaotisch zu und elementare Verkehrsregeln wie rote Ampeln können durchaus relativiert werden. Wirksam wird das Konzept aber auch in der Geschäftswelt, wenn der Abschluss von Verträgen zum Beispiel mehr zum Ausdruck und zur Betonung der gegenseitigen Beziehungen dient als dem Festhalten von strikt einzuhaltenden Vereinbarungen.

Interkulturelle Bemerkungen zum Thema Humor

Humor ist ein spezifisch kulturell bedingtes Phänomen, das in verschiedenen kulturellen Zusammenhängen ganz unterschiedlich empfunden wird. Der Humor einer anderen Kultur wird oft

nicht verstanden, man findet die Anlässe, über die andere lachen, nicht witzig und meint, andere hätten keinen Humor.

Das chinesische Wort für Humor ist ein Fremdwort, das aus der phonetischen Übersetzung des englischen Wortes »humour« gebildet wurde, nämlich youmo. Dies allein weist darauf, dass das westliche Konzept von Humor mit einer eigenen chinesischen Auffassung von Humor nicht identisch sein kann, sondern der Begriff und seine Bedeutung nach China importiert wurden. Trotzdem halten die Chinesen sich selbst für ein sehr »humorvolles« Volk, und viele Werke aus der Zeit des Altertums werden dafür gepriesen, dass sie so humorvoll seien. Selbst das streng moralisch erscheinende Lehrbuch des Konfuzius, das lunyu, soll angeblich voller humorvoller Passagen stecken. Die darin enthaltenen Witze sind allerdings für den westlichen Leser schwer zu entdecken.

Chinesen lachen am liebsten über Wortspiele, und ihre Sprache bietet sich besonders für solche Sprachspiele an. Da mit einer sehr begrenzten Zahl von Silben alle Wörter gebildet werden müssen, klingen sie sehr ähnlich. Sehr beliebte Fernseh- und Radiosendungen sind deshalb die Xiangsheng-Spiele, bei denen sich zwei Personen in Dialogform Spielbälle zuwerfen und ständig mit Wortspielen antworten.

Es gibt im Chinesischen auch kein eigenes Wort für Ironie. Was gewöhnlich als Übersetzung dafür angeboten wird (fengci), bedeutet eigentlich »Satire« oder »spöttisch auf den Arm nehmen«. Auch das Fehlen von ironischen Bemerkungen und das völlige Unverständnis dafür hängt mit der chinesischen Sprachstruktur zusammen. Sie setzt ein starkes Assoziationsvermögen voraus, um zu verstehen, welches Wort der Gesprächspartner meint. Jede Kommunikation ist somit besonders auf Konsens im Hinblick auf eine bestimmte Sachlage angelegt. Eine ironische Bemerkung will aber gerade den Konsens über eine Situation umkehren.

Sie sollten daraus den Schluss ziehen, mit humorvollen Anspielungen oder deutschen Witzen vorsichtig zu sein. Selbst wenn Ihr chinesischer Partner Deutsch oder Englisch gut versteht, werden ihm humorvoll gemeinte ironische Bemerkungen oft nicht verständlich sein. Vielleicht lacht er aus Höflichkeit mit, fühlt sich aber in Wirklichkeit beleidigt. Ein nicht verstandener Witz hat weiter reichende Folgen als kein Witz. Auch können Sie schwer abschätzen, über welche tabuisierten Themen keine Witze gemacht werden dürfen. Vieles, was in Deutschland ironisiert oder karikiert werden kann und dann humorvoll aufgenommen wird, kann in China nicht verstanden werden oder gilt womöglich als Beleidigung. Deshalb ist allergrößte Vorsicht und eher Zurückhaltung beim Erzählen von Witzen geboten.

Kurze Zusammenfassung

Hierarchie

- Es gibt ausgeprägte und streng festgelegte Hierarchien.
- Respektsbezeugungen drücken die Anerkennung der bestehenden sozialen Ordnung aus.
- Hierarchie bedeutet keine Unterscheidung der Menschen nach ihrem Wert, sondern ist eine rein formale Zuweisung des angemessenen Platzes im Ganzen.
- Hierarchie begründet ein wechselseitiges Verhältnis von Treue auf der einen, aber auch Pflicht zur Fürsorge auf der anderen Seite.
- Macht sollte aufgrund des zu zollenden Respekts weniger in autoritärer Form ausgeübt werden.

Strategie und Taktik

- Strategie gilt als intellektuelle Herausforderung.
- Ziel ist die Vermeidung kriegerischer Auseinandersetzung oder von Streit.
- Hinterlist gilt als verwerflich, ein moralisch gutes Motiv sollte dem Handeln zugrunde liegen.

Gesicht wahren

- Peinlichkeiten im Umgang miteinander sollen vermieden werden.
- Dafür gibt es eine Vielzahl von Verhaltensvorgaben.

- Gesicht bezieht sich zum einen auf die soziale Hierarchie: Respektsbezeugungen sind entsprechend der sozialen Stellung gefordert. Zum anderen bezieht sich Gesicht auf die moralische Haltung der Person, was die Einhaltung der Tugenden wie Loyalität, Einhaltung der Hierarchie und so weiter fordert.
- Gesicht kann sich auf Einzelne, aber auch auf Gruppen, zum Beispiel Familien, beziehen.

Soziale Harmonie

- Harmonie steht für soziale Ordnung.
- Als Vorbild dafür wird die Natur oder der Kosmos gesehen.
- Nicht lineare Ursache-Wirkungs-Zusammenhänge, sondern korrelatives Denken dominiert.
- Logische Erklärungen sind daher wenig gefragt.
- Auf den Zusammenbruch der Harmonie folgt das Chaos, was es natürlich unter Aufbietung aller Kräfte zu verhindern gilt.

Das Guanxi-System

- Guanxi bedeutet ein Netzwerk an Beziehungen, in das jedes Mitglied der Gesellschaft eingebunden ist.
- Beziehungen zu nutzen, um »Hintertüren« zu öffnen, gilt als legitim, aber das Nutzen von Guanxi verpflichtet immer auch zu Gegenleistungen.
- Beziehungen können unterschiedliche Grundlagen und damit unterschiedliche Loyalitäten und auch Funktionen haben.
- Der Vermittlung durch Dritte kommt eine große Bedeutung zu.
- Der Aufbau von Beziehungen ist nicht voraussetzungslos möglich.
- Guanxi müssen »gepflegt« werden.

Bürokratie

- Eine ausgeprägte Bürokratie kennzeichnete schon das alte China.
- Mächtige Personen einerseits, starre Regularien andererseits machen Bürokratie schwerfällig und teils undurchsichtig.
- Kampagnen gegen Bürokratismus haben Tradition.

Regelrelativismus

- Regeln werden situationsabhängig im Kontext interpretiert, nicht kategorisch.
- Pflichten ergeben sich aus Beziehungen, die hierarchisch unterschiedlich sind.
- Regeln gelten daher eher als moralische Richtschnur.
- Wichtiger als die Regel oder der Vertragsparagraph ist die Beziehung der Vertragspartner.

Literaturempfehlungen

Zur Einführung

Fischer, D., Lackner, M. (Hrsg.) (2007). Länderbericht China. Geschichte, Politik, Wirtschaft, Gesellschaft (3., vollst. überarb. Aufl.). Bonn: Bundeszentrale für politische Bildung.
In kurzen Kapiteln geben eine Reihe ausgewiesener Chinaexperten einen Überblick über alles, was man über China wissen sollte. Zu beziehen über www.bpb.de.

Hinz, A., Becker, R. (2006). China hören. Eine musikalisch illustrierte Reise durch die Kulturgeschichte Chinas von der Mythologie bis in die Gegenwart. Kayhude: Silberfuchs-Verlag.
China nicht nur zum Lesen, sondern zum Hören. Dieser Tonträger lädt zu einer akustischen Reise durch die Kulturgeschichte Chinas ein.

Kuan, Y., Häring-Kuan, P. (2006). Der China-Knigge. Eine Gebrauchsanweisung für das Reich der Mitte (4. Aufl.). Frankfurt a. M.: Fischer.
Wie der Titel schon vermuten lässt, gibt dieses Buch Tipps zum richtigen Verhalten in China.

Strittmatter, K. (2004). Gebrauchsanweisung für China. München: Piper.
In amüsanten Kolumnen berichtet der langjährige Chinakorrespondent über Eigen- und Besonderheiten Chinas. Ideal zum Zwischendurchlesen.

Geschichte und Politik

Seitz, K. (2000). China – Eine Weltmacht kehrt zurück. Berlin: Siedler.
Der ehemalige deutsche Botschafter Konrad Seitz berichtet in diesem Buch über die Jahrtausende alte Historie des Landes und stellt eine der wohl wichtigsten Fragen im Umgang mit China: Ist das Reich der Mitte auf dem Weg zurück zur Weltmacht?

Schmidt, H., Sieren, F. (2007). Nachbar China. Helmut Schmidt im Gespräch mit Frank Sieren. Berlin: Ullstein.
Altkanzler Helmut Schmidt gilt als der größte Chinakenner in der deutschen Politik. In diesem Buch berichtet er unter anderem von seinen persönlichen Erlebnissen mit Mao Tse-tung und Deng Xiaoping.

Schmidt-Glintzer, H. (1999). Das alte China. Von den Anfängen bis ins 19. Jahrhundert (2. Aufl.). München: Beck.

Schmidt-Glintzer, H. (2006). Das neue China. Von den Opiumkriegen bis heute (4., überarb. Aufl.). München: Beck.
Zwei kurze Bände, die die chinesische Geschichte von den Anfängen bis in die Moderne auf gerade einmal 300 Seiten zusammenfassen. Wer es kurz und auf den Punkt gebracht will, ist hier richtig.

Spence, J. D. (1995). Chinas Weg in die Moderne. München u. Wien: Hanser.
Das Standardwerk zur neueren Geschichte des Landes. Sehr umfangreich und überraschend spannend geschrieben. Ein Muss für alle, die sich intensiv mit der Geschichte des modernen China beschäftigen wollen.

Chinesische Philosophie

Bauer, W. (2001). Geschichte der chinesischen Philosophie. Konfuzianismus, Daoismus, Buddhismus. München: Beck.
Alle bedeutenden chinesischen Philosophieströmungen in einer kompakten Philosophiegeschichte zusammengefasst. Das Standardwerk im deutschsprachigen Raum.

Schwanfelder, W. (2006). Konfuzius im Management. Frankfurt a. M.: Campus.
Die Worte des Meisters Konfuzius im Kontext des modernen Management. Welche Bedeutung haben seine Lehren heute noch, wie kann der westliche Manager davon profitieren?

Senger, H. von (2006). 36 Strategeme für Manager. München: Piper.
Dieses Buch verrät, welche Techniken der List – entlehnt aus der Kriegskunst des alten China – man kennen sollte, um für den Lebens- und Berufsalltag in diesem Land gewappnet zu sein.

Belletristik

Ba, J. (1980). Die Familie. Aus dem Chinesischen von Florian Reissinger. Berlin: Oberbaumverlag.

Chang, R. (2004). Wilde Schwäne. Die Geschichte einer Familie. München: Droemer Knaur.

Lu, X. (2002). Aufruf zum Kampf. Peking: Verlag für fremdsprachige Literatur.

Meinshausen, F. (Hrsg.) (2003). Das Leben ist jetzt. Neue Erzählungen aus China. Frankfurt a. M.: Suhrkamp.

Qian, Z. (1988). Die umzingelte Festung. Ein chinesischer Gesellschaftsroman. Aus dem Chinesischen von Monika Motsch. Frankfurt a. M.: Insel.

Wang, M. (1985). Kleines Gerede. Satiren aus der Volksrepublik China. Hrsg. von Helmut Martin. Köln: Diederichs.

Wang, S. (2001). Oberchaoten. Zürich: Diogenes.

Zhang, X., Sang, Y. (1986). Pekingmenschen. Hrsg. von Helmut Martin. Köln: Diederichs.

Wenn Sie weiterlesen möchten ...

Handbuch Interkulturelle Kommunikation und Kooperation

Band 1: Grundlagen und Praxisfelder

Herausgegeben von Alexander Thomas, Eva-Ulrike Kinast, Sylvia Schroll-Machl

Die Autoren erläutern praxisorientiert die zentralen Begriffe interkultureller Kommunikation und Kooperation und den aktuellen Stand der Forschung. Sie diskutieren Methoden der Diagnose, des Trainings und der Evaluation von interkultureller Handlungskompetenz und behandeln interkulturelle Praxisfelder in Unternehmen, z.B. interkulturelle Personalentwicklung, sowie zentrale Managementfelder – beispielsweise Verhandlungsführung, Konfliktmanagement, Projektmanagement – unter interkulturellen Gesichtspunkten. Überlegungen zu einem strategischen Gesamtkonzept für interkulturelles Handeln in Unternehmen beschließen den Band.

Band 2: Länder, Kulturen und interkulturelle Berufstätigkeit

Herausgegeben von Alexander Thomas, Stefan Kammhuber, Sylvia Schroll-Machl

Ergänzend, aufbauend und weiterführend zum ersten Band stellen die Autoren aus verschiedenen Ländern kulturspezifische Informationen zu ausgewählten Weltregionen dar mit authentischen Fallbeispielen, länderspezifischen Kulturstandards und kulturhistorischen Hintergründen. Sie behandeln zentrale interkulturelle Aspekte des Managements, der Personalentwicklung, des Marketings wie auch der Migration, der Rechtspraxis, der Medizin, der Schule sowie interkulturelle Problemstellungen in der Entwicklungszusammenarbeit, bei internationalen Militäreinsätzen oder bei internationaler Wissenschaftskooperation.
Der Band stellt dazu wissenschaftliche Ergebnisse unter anwendungs- und praxisorientierten Gesichtspunkten zusammen.

»Empfehlenswert ist dieses Buch für alle Menschen, die sowohl in ihrer Arbeit als auch im Privatleben immer wieder mit Menschen aus anderen Kulturen zusammentreffen und mehr über deren Kulturhintergrund erfahren möchten.« *Werner Schmidberger, systhema*

Sylvia Schroll-Machl

Die Deutschen – Wir Deutsche

Fremdwahrnehmung und Selbstsicht im Berufsleben

Die Globalisierung ist inzwischen allgegenwärtig. Diese Tatsache stellt viele Menschen vor neue Situationen: Kulturunterschiede sind nicht mehr nur etwas, was Touristen fasziniert und Wissenschaftler anregt, sondern sie sind weitgehend Alltag geworden, insbesondere auch in beruflichen Zusammenhängen.
Das Buch wendet sich an beide Seiten dieser geschäftlichen Partnerschaft: zum einen an jene, die mit Deutschen von ihrem Heimatland aus zu tun haben, oder als Expatriate, der für einige Zeit in Deutschland lebt, zum anderen an die Deutschen, die mit Partnern aus aller Welt im Geschäftskontakt stehen, sei es per Geschäftsbesuch oder via Kommunikationsmedien. Für die erste Gruppe ist es wichtig, Informationen über Deutsche zu erhalten, um sich auf uns einstellen zu können. Für Deutsche selbst ist es hilfreich zu erfahren, wie unsere nicht-deutschen Partner uns erleben, um uns selbst im Spiegel der anderen zu sehen.
Sylvia Schroll-Machl berichtet auf dem Hintergrund langjähriger Praxis als interkulturelle Trainerin und Wissenschaftlerin über viele typische Erfahrungen mit uns Deutschen und typische Eindrücke von uns. Es geht ihr aber auch darum, diese Erlebnisse und Erfahrungen aus deutscher Sicht zu beleuchten, damit die nicht-deutschen Partner entdecken, wie wir eigentlich das meinen, was wir sagen und tun. Zudem beschäftigt sich die Autorin auch mit den kulturhistorischen Hintergründen, die uns Deutsche prägen.

Das Buch ist auch in englischer Sprache erhältlich:

Sylvia Schroll-Machl

Doing Business with Germans

Their Perception, Our Perception

Sylvia Schroll-Machl writes about German cultural standards. Although her work is empirically ascertained and presented in a systematic way, she is able to maintain a certain self-critical levity. Her target groups are Germans and foreigners, who vocationally have something to do with Germans. Her goal is to promote mutual understanding and to offer assistance for intercultural interactions.

Handlungskompetenz im Ausland

V&R

Trainingsprogramme für Manager, Fach- und Führungskräfte

Herausgegeben von Alexander Thomas.

Bisher erschienen sind:

Beruflich in Argentinien
ISBN 978-3-525-49053-2

Beruflich in Australien
ISBN 978-3-525-49007-5

Beruflich in Brasilien
ISBN 978-3-525-49059-4

Beruflich in den USA
ISBN 978-3-525-49062-4

Beruflich in der Slowakei
ISBN 978-3-525-49063-1

Beruflich in der Türkei
ISBN 978-3-525-49006-8

Beruflich in Großbritannien
ISBN 978-3-525-49051-8

Beruflich in Indien
ISBN 978-3-525-49068-6

Beruflich in Indonesien
ISBN 978-3-525-49052-5

Beruflich in Irland
ISBN 978-3-525-49065-5

Beruflich in Italien
ISBN 978-3-525-49069-3

Beruflich in Japan
ISBN 978-3-525-49061-7

Beruflich in Kanada
ISBN 978-3-525-49066-2

Beruflich in Kenia und Tansania
ISBN 978-3-525-49054-9

Beruflich in Malaysia
ISBN 978-3-525-49067-9

Beruflich in Mexiko
ISBN 978-3-525-49060-0

Beruflich in Polen
ISBN 978-3-525-49112-6

Beruflich in Russland
ISBN 978-3-525-49056-3

Beruflich in Südafrika
ISBN 978-3-525-49057-0

Beruflich in Südkorea
ISBN 978-3-525-49058-7

Beruflich in Thailand
ISBN 978-3-525-49009-9

Beruflich in Tschechien
ISBN 978-3-525-49055-6

Beruflich in Ungarn
ISBN 978-3-525-49008-2

Beruflich in Vietnam
ISBN 978-3-525-49113-3

Vandenhoeck & Ruprecht